Éloge de la Folie

Érasme de Rotterdam

© 2024, Érasme de Rotterdam (domaine public)
Édition : BoD · Books on Demand, 31 avenue Saint-Rémy, 57600 Forbach, bod@bod.fr
Impression : Libri Plureos GmbH, Friedensallee 273, 22763 Hamburg (Allemagne)
ISBN : 978-2-3225-3312-1
Dépôt légal : Mars 2025

Préface : Lettre à Thomas Morus

    I. — La Folie, par sa seule présence, dirige les soucis de ses auditeurs

    II. — Argument du discours.

    III. — Comment la Folie est conduite à faire son propre éloge

    IV. — Caractère impromptu de cet éloge

    V. — De la sincérité de la Folie

    VI. — Pourquoi Elle se plaît ici à imiter les rhéteurs

    VII. — Origines de la Folie

    VIII. — Son lieu de naissance, ses années d'enfance

    IX. — Ses suivantes

    X. — Des titres qu'a la Folie à figurer parmi les déesses

    XI. — Comment Elle perpétue l'espèce humaine

    XII. — Comment Elle fait le bonheur de la vie

    XIII. — Des liens qui unissent la Folie à l'enfance et à cette seconde enfance qu'est la vieillesse

    XIV. — Comment Elle prolonge l'Enfance et recule la Vieillesse

    XV. — Les dieux même se recommandait d'Elle

    XVI. — De la prééminence de la Folie dans le monde

XVII. — C'est par leur folie que les femmes plaisent aux hommes

XVIII. — C'est par la folie que les festins et les beuveries sont agréables

XIX. — La Folie est nécessaire à l'amitié

XX. — Il n'est point de mariage durable sans la complicité de la Folie

XXI. — La Folie est le bien de la société humaine

XXII. — De la part de la Folie dans l'amour-propre

XXIII. — Elle inspire les exploits guerriers

XXIV. — De l'infériorité de la sagesse dans le gouvernement des États

XXV. — De l'infériorité de cette même sagesse dans toutes les circonstances de la vie

XXVI. — Importante contribution de la Folie dans les contes que la foule adore

XXVII. — La Folie est la mère des cités

XXVIII. — Elle est mère des arts

XXIX. — Elle revendique pour elle-même la palme de la sagesse vraie

XXX. — Comment la Folie est un guide de sagesse

XXXI. — Elle rend la vie supportable

XXXII. — Des rapports de la Folie avec l'ignorance

XXXIII. — Parmi les sciences, les plus estimées sont celles qui se rapprochent le plus de la Folie

XXXIV. — Les animaux les plus fous sont les plus heureux

XXXV. — Les fous sont plus heureux que les sages

XXXVI. — De l'amour des princes pour les fous et autres bouffons de cour

XXXVII. — La comparaison qu'on peut faire entre la vie d'un fou et celle d'un sage est toute en faveur de la première

XXXVIII. — Il faut donc souhaiter d'être fou

XXXIX. — De la folie des maris, des chasseurs, des bâtisseurs, des voyageurs, des joueurs

XL. — De la folie des faiseurs de contes et des personnes superstitieuses

XLI. — De la folie de certaines superstitions en matière de religion

XLII. — De la folie nobiliaire

XLIII. — De l'amour-propre national

XLIV. — Des avantages que procurent l'amour-propre et l'adulation

XLV. — Le bonheur n'est qu'une illusion

XLVI. — Des bienfaits que la Folie procure

XLVII. — La Folie a l'univers pour temple

XLVIII. — Aspects divers que prend la Folie : folie du petit peuple ; folie des marchands
XLIX. — Folie des grammairiens
L. — Folie des poètes, des rhéteurs, et de tous les auteurs en général
LI. — Folie des jurisconsultes, des dialecticiens et des sophistes
LII. — Folie des philosophes
LIII. — Folie des théologiens
LIV. — Folie des religieux et des moines
LV. — Folie des rois
LVI. — Folie des courtisans
LVII. — Folie des évêques
LVIII. — Folie des cardinaux
LIX. — Folie des souverains pontifes
LX. — Folie des évêques d'Allemagne en particulier, et en général de tous les prêtres
LXI. — Les fous ont les faveurs de la Fortune
LXII. — Anciens dictons sur les fous
LXIII. — Textes de l'Écriture sainte concernant les fous
LXIV. — Fausses interprétations de l'Écriture sainte
LXV. — La folie trouve grâce devant Dieu

LXVI. — Des rapports de la religion chrétienne avec la folie

LXVII. — La folie est le souverain bien

LXVIII. — Adieu au lecteur

ÉRASME DE ROTTERDAM

À son cher Thomas Morus

SALUT

Ces jours derniers, voyageant d'Italie en Angleterre et devant rester tout ce temps à cheval, je n'avais nulle envie de le perdre en ces banals bavardages où les Muses n'ont point de part. J'aimais mieux méditer quelques points des études qui nous sont communes ou bien j'évoquais les bons amis que j'ai quittés. J'en ai de si savants et de si exquis ! Des premiers, ô Morus, tu te présentais à ma pensée. Ton souvenir, cher absent, m'est plaisant comme le fut jadis ta présence familière ; et que je meure si j'ai jamais eu, dans ma vie, de joie plus douce !

Voulant donc m'occuper à tout prix, et les circonstances ne se prêtant guère à du travail sérieux, j'eus l'idée de composer par jeu un éloge de la Folie. Quelle Pallas, diras-tu, te l'a mise en tête ? C'est que j'ai pensé d'abord à ton propre nom de Morus, lequel est aussi voisin de celui de la Folie (*Moria*) que ta personne est éloignée d'elle ; tu es même de l'aveu de tous son plus grand adversaire. J'ai supposé ensuite que cet amusement de mon esprit gagnerait ton approbation, parce que tu ne crains pas un genre de plaisanterie qu'on peut rendre docte et agréable et que, dans le train ordinaire de la vie, tu tiens volontiers de Démocrite. Certes, la profondeur de ta pensée t'éloigne fort du vulgaire ; mais, tu as tant de bonne grâce et un caractère si indulgent, que tu sais accueillir d'humbles sujets et t'y plaire. Tu recevras donc avec bienveillance cette petite déclamation, comme un souvenir de ton ami, et tu accepteras de la défendre, puisqu'elle n'est plus à lui, mais à toi par sa dédicace.

Les détracteurs ne vont point manquer. Ils prétendront que ces bagatelles sont, les unes plus légères qu'il ne sied à un théologien, les autres trop mordantes pour ne pas blesser la réserve chrétienne ; ils crieront sur les toits que je ramène à l'ancienne comédie et à Lucien, et que je déchire tout le monde à belles dents. En vérité, ceux qu'offensent la légèreté du sujet et ce ton de plaisanterie devraient bien songer que je n'innove en rien. De grands auteurs en ont fait autant. Il y a des siècles qu'Homère s'est amusé au Combat des rats et des grenouilles ; Virgile au Culex et au Moretum ; Ovide à la Nux ; Polycrate a louangé Busiris qu'Isocrate flagella ; Glaucon écrit l'éloge de l'Injustice ; Favorinus, celui de Thersite et de la fièvre quarte ; Synésius, de la Calvitie ; Lucien, celui de la Mouche et du Parasite. Tandis que Sénèque a composé une apothéose de Claude, Plutarque s'est plu de même à faire dialoguer Ulysse et Gryllus ; Lucien et Apulée se sont divertis avec leur âne, et je ne sais qui avec le testament d'un cochon de lait nommé Grunnius Corocotta, dont fait mention saint

Jérôme. Si mes censeurs y consentent, qu'ils se figurent que j'ai voulu me distraire à jouer aux échecs ou, comme un enfant, à chevaucher un manche à balai.

Chacun peut se délasser librement des divers labeurs de la vie ; quelle injustice de refuser ce droit au seul travailleur de l'esprit ! surtout quand les bagatelles mènent au sérieux, surtout quand le lecteur, s'il a un peu de nez, y trouve mieux son compte qu'à mainte dissertation grave et pompeuse. Tel compile un éloge de la Rhétorique ou de la Philosophie, tel autre le panégyrique d'un prince ou une exhortation à combattre les Turcs ; il y a des écrivains pour prédire l'avenir, d'autres pour imaginer des questions sur le poil des chèvres. Rien n'est plus sot que de traiter avec sérieux de choses frivoles ; mais rien n'est plus spirituel que de faire servir les frivolités à des choses sérieuses. C'est aux autres de me juger ; pourtant, si l'amour-propre ne m'égare, je crois avoir loué la Folie d'une manière qui n'est pas tout à fait folle.

À qui me reprocherait de mordre, je répondrais que l'écrivain eut toujours la liberté de railler impunément les communes conditions de la vie, pourvu qu'il n'y fît pas l'enragé. J'admire la délicatesse des oreilles de ce temps, qui n'admettent plus qu'un langage surchargé de solennelles flatteries. La religion même semble comprise à l'envers, quand on voit des gens moins offusqués des plus gros blasphèmes contre Jésus-Christ, que de la plus légère plaisanterie sur un pape ou sur un prince, surtout s'ils mangent son pain.

Critiquer les mœurs des hommes sans attaquer personne nominativement, est-ce vraiment mordre ? N'est-ce pas plutôt instruire et conseiller ? Au reste, ne fais-je pas sans cesse ma propre critique ? Une satire qui n'excepte aucun genre de vie ne s'en prend à nul homme en particulier, mais aux vices de tous. Et si quelqu'un se lève et crie qu'on l'a blessé, c'est donc qu'il se reconnaît coupable, ou tout au moins s'avoue inquiet. Dans ce genre, saint Jérôme s'est montré plus libre et plus âpre, et parfois sans épargner les noms. Je me suis abstenu, pour ma part, d'en prononcer un seul, et j'ai tellement modéré mon style que le lecteur intelligent verra sans peine que j'ai cherché à amuser, nullement à déchirer. Je n'ai pas, comme Juvénal, remué l'égout des vices cachés ; je n'ai pas catalogué les hontes, mais les ridicules. S'il reste un obstiné que ces raisons n'apaisent point, je le prie de songer qu'il est honorable d'être attaqué par la Folie, puisque c'est elle que je mets en scène avec tous les traits de son personnage.

Mais pourquoi tant d'explications à un avocat tel que toi, qui plaides en perfection les causes même médiocres ? Je laisse à ta maîtrise le soin de défendre cette *Moria* qui est ton bien. Adieu, Morus très éloquent !

À la campagne, le 9 juin 1508.

C'EST LA FOLIE QUI PARLE

I. — Les gens de ce monde tiennent sur moi bien des propos, et je sais tout le mal qu'on entend dire de la Folie, même chez les fous. C'est pourtant moi, et moi seule, qui réjouis les Dieux et les hommes. Aujourd'hui même, la preuve en est faite largement, puisqu'il m'a suffi de paraître devant ce nombreux auditoire pour mettre dans tous les yeux la plus étincelante gaîté. Tout de suite, votre visage s'est tendu vers moi et votre aimable rire m'a applaudie joyeusement. Tous, tant que vous êtes, je vous vois, ivres du nectar des dieux d'Homère, mêlé toutefois d'un peu de népenthès, alors qu'il y a un instant vous étiez assis, soucieux et tristes, comme des échappés de l'antre de Trophonius.

Quand le beau soleil révèle à la terre sa face dorée, ou quand, après l'âpre hiver, le doux printemps revient et souffle les zéphyrs, tout change d'aspect dans la nature, tout se rajeunit de couleurs nouvelles ; de même, dès que vous m'avez vue, votre physionomie s'est transformée. Ce que des rhéteurs, d'ailleurs considérables, n'obtiennent par leurs discours qu'à grand effort de préparations, c'est-à-dire chasser des âmes l'ennui, pour y réussir je n'ai eu qu'à me montrer.

II. — Pourquoi ai-je revêtu aujourd'hui cet accoutrement inusité, vous le saurez pour peu que vous me prêtiez l'oreille ; non pas celle qui vous sert à ouïr les prêches sacrés, mais celle qui se dresse si bien à la foire devant les charlatans, les bouffons et les pitres, ou encore l'oreille d'âne que notre roi Midas exhiba devant le dieu Pan.

Il m'a plu de faire quelque peu le sophiste devant vous comme ceux qui inculquent à la jeunesse des niaiseries assommantes et lui enseignent une dispute plus entêtée que celle des femmes, mais à l'imitation de ces anciens qui, pour échapper à l'appellation déshonorante de Sages, choisirent celle de Sophistes. Leur zèle s'appliquait à composer des éloges de dieux et de héros. Vous entendrez donc un éloge, non d'Hercule, ni de Solon, mais le mien, celui de la Folie.

III. — Écartons les sages, qui taxent d'insanité et d'impertinence celui qui fait son propre éloge. Si c'est être fou, cela me convient à merveille. Quoi de mieux pour la Folie que de claironner elle-même sa gloire et de se chanter elle-même ! Qui me dépeindrait plus véridiquement ? Je ne sache personne qui me connaisse mieux que moi. Je crois, d'ailleurs, montrer en cela plus de modestie que tel docte ou tel grand qui, par perverse pudeur, suborne à son profit la flatterie d'un rhéteur ou les inventions d'un poète, et le paye pour entendre de lui des louanges, c'est-à-dire de purs mensonges. Cependant, notre pudique personnage fait la roue comme un paon, lève la crête, tandis que d'impudents adulateurs comparent aux dieux sa nullité, le proposent, en le tenant pour le contraire, comme un modèle accompli de toutes les vertus, parent cette corneille de plumes empruntées, blanchissent cet Éthiopien et présentent cette mouche comme un éléphant. En fin de compte, utilisant un vieux proverbe de plus, je déclare qu'on a raison de se louer soi-même quand on ne trouve personne pour le faire.

Et voici que je m'étonne de l'ingratitude des hommes, ou plutôt de leur indifférence ! Tous me font volontiers la cour, tous, depuis des siècles, jouissent de mes bien-faits, et pas un n'a témoigné sa reconnaissance en célébrant la Folie, alors qu'on a vu des gens perdre leur huile et leur sommeil, à écrire en l'honneur des tyrans Busiris et Phalaris, de la fièvre quarte, des mouches, de la calvitie et de maint autre fléau. Vous entendrez de moi une improvisation non préparée, qui en sera d'autant plus sincère.

IV. — Le commun des adorateurs dit ainsi pour se faire valoir ; vous savez bien qu'un discours qui leur a pris trente années de travail, ou qui n'est pas toujours leur ouvrage, ils jurent qu'ils n'ont mis que trois jours à l'écrire, en se jouant, ou même à le dicter. Quant à moi, j'ai eu toujours grand plaisir à dire tout ce qui me vient sur la langue.

Vous attendez peut-être, d'après l'usage commun de la rhétorique, que je fasse ma définition en plusieurs points. Non, je ne ferai rien de semblable. Il ne convient pas de limiter ou de diviser l'empire d'une divinité qui règne en tous lieux, et si loin que toute chose sur terre lui rend hommage. Et pourquoi me définir, me dessiner ou me peindre, puisque je suis en votre présence et que vous me contemplez de vos yeux ? Je suis, comme vous le voyez, cette véritable dispensatrice du bonheur que les Latins nomment *Stultitia*, les Grecs, *Moria*.

V. — Nul besoin de vous le dire ; je me révèle, comme on dit, au front et aux yeux, et si quelqu'un voulait me prendre pour Minerve ou pour la Sagesse, je le détromperais sans parler, par un seul regard, le miroir de l'âme le moins menteur. Je n'use point de fard, je ne simule pas sur le visage ce que je ne ressens pas dans mon cœur. Partout je ressemble à ce que je suis ; je ne prends pas le déguisement de ceux qui tiennent à jouer un rôle de sagesse, et se promènent comme des singes sous la pourpre et des ânes sous une peau de lion. Qu'ils s'affublent tant qu'ils voudront, l'oreille pointe et trahit Midas.

Une ingrate race d'hommes, pourtant bien de ma clientèle, rougit en public de mon nom et ose en injurier les autres. Ce sont les plus fols, les *morotatoï*, qui veulent passer pour sages, faire les Thalès ; et ne devrions-nous pas les appeler *morosophoï*, les sages-fols ?

VI. — Ainsi nous imiterions ces rhéteurs de nos jours, qui se croient des dieux pour user d'une double langue, comme les sangsues, et tiennent pour merveille d'insérer en leur latin quelques petits vocables grecs, mosaïque souvent hors de propos. Si les mots étrangers leur manquent, ils arrachent à des parchemins pourris quatre ou cinq vieilles formules qui jettent la poudre aux yeux du lecteur, de façon que ceux qui les comprennent se rengorgent, et que ceux qui ne les comprennent pas les en admirent d'autant mieux. Les gens, en effet, trouvent leur suprême plaisir à ce qui leur est suprêmement étranger. Leur vanité y est intéressée ; ils rient, applaudissent, remuent l'oreille comme les ânes, pour montrer qu'ils ont bien saisi : « C'est ça, c'est bien ça ! » Mais je reviens à mon sujet.

VII. — Vous savez donc mon nom, hommes… Quelle épithète ajouter ? Archifous ? soit ! La déesse Folie ne peut qualifier plus honnêtement ses fidèles. Mais on ne sait guère d'où je viens, et c'est ce que j'essayerai de vous expliquer, avec le bon vouloir des Muses.

Le Chaos, ni Orcus, ni Saturne, ni Japet, aucun de ces dieux désuets et poussiéreux ne fut mon père. Je suis née de Plutus, géniteur unique des hommes et des Dieux, n'en déplaise à Homère et à Hésiode et même à Jupiter. Un simple geste de lui, aujourd'hui comme jadis, bouleverse le monde sacré et le monde profane ; c'est lui qui règle à son gré guerres, paix, gouvernements, conseils, tribunaux, comices, mariages, traités, alliances, lois, arts, plaisir, travail… le souffle me manque… toutes les affaires publiques et privées des mortels. Sans son aide, le peuple entier des divinités poétiques, disons mieux, les grands Dieux eux-mêmes n'existeraient pas, ou du moins feraient maigre chère au logis. Celui qui a irrité Plutus, Pallas en personne ne le sauverait pas ; celui qu'il protège, peut faire la nique même à Jupiter tonnant. Tel est mon père, et je m'en vante. Il ne m'a point engendrée de son cerveau, comme Jupiter cette triste et farouche Pallas, mais il m'a fait naître de la Jeunesse, la plus délicieuse de toutes les nymphes et la plus gaie. Entre eux, nul lien du fâcheux mariage, bon à produire un forgeron boiteux tel que Vulcain, mais le commerce de l'Amour seulement, comme dit notre Homère, ce qui est infiniment plus doux. Ne pensez pas, je vous prie, au Plutus d'Aristophane, lequel est un vieux cacochyme et n'y voit plus ; mon père fut un Plutus encore intact, tout échauffé de jeunesse, et pas seulement par sa jeunesse, mais par le nectar qu'il venait, sans doute, de lamper largement au banquet des Dieux.

VIII. — Si vous demandez où je suis née, puisque aujourd'hui la noblesse dépend avant tout du lieu où l'on a poussé ses premiers vagissements, je vous dirai que ce ne fut ni dans l'errante Délos, ni dans la mer aux mille plis, ni dans des grottes azurées, mais dans les Îles Fortunées où les récoltes se font sans semailles ni labour. Travail, vieillesse et maladie y sont inconnus ; on ne voit aux champs ni asphodèles, ni mauves, ni scilles, lupins ou fèves, ni autres plantes communes ; mais de tous côtés y réjouissent les yeux et les narines le moly, la panacée, le népenthès, la marjolaine, l'ambroisie, le lotus, la rose, la violette, l'hyacinthe, tout le jardin d'Adonis. Naissant dans de telles délices, je n'ai point salué la vie par des larmes, mais tout de suite j'ai ri à ma mère. Je n'envie point au puissant fils de Cronos sa chèvre nourricière, puisque je m'allaitai aux mamelles de deux nymphes très charmantes : l'Ivresse, fille de Bacchus, et l'Ignorance, fille de Pan. Reconnaissez-les ici, dans le groupe de mes compagnes. Je vais vous présenter celles-ci, mais, par ma foi, je ne les nommerai qu'en grec.

IX. — Celle qui a les sourcils froncés, c'est Philautie (l'Amour-propre). Celle que vous voyez rire des yeux et applaudir des mains, c'est Colacie (la Flatterie). Celle qui semble dans un demi-sommeil, c'est Léthé (l'Oubli). Celle qui s'appuie sur les coudes et croise les mains, c'est Misoponie (la Paresse). Celle qui est couronnée de roses et ointe de parfums, c'est Hédonè (la Volupté). Celle dont les yeux errent sans se fixer, c'est Anoia (l'Etourderie). Celle qui est bien en chair et de teint fleuri, c'est Tryphè (la Mollesse). Et voici, parmi ces jeunes femmes, deux dieux : celui de la Bonne Chère et celui du Profond Sommeil. Ce sont là tous mes serviteurs, qui m'aident fidèlement à garder le gouvernement du Monde et à régner, même sur les rois.

X. — Vous connaissez mon origine, mon éducation, ma société. À présent, pour bien établir mes droits au titre divin, je vous révélerai quels avantages je procure aux Dieux et aux hommes, et jusqu'où s'étend mon empire. Ouvrez bien vos oreilles.

On a écrit justement que le propre de la divinité est de soulager les hommes, et c'est à bon droit qu'en l'assemblée des Dieux sont admis ceux qui ont enseigné l'usage du vin, du blé, et les autres ressources de la vie. Pourquoi donc ne pas me reconnaître comme l'Alpha de tous les Dieux, moi qui prodigue tout à tous ?

XI. — Et d'abord, qu'y a-t-il de plus doux, de plus précieux, que la vie elle-même ? Et à qui doit-on qu'elle commence, sinon à moi ? Ce n'est point, n'est-ce pas ? la lance de Pallas au père puissant, ni l'égide de Jupiter assembleur de nuées, qui engendrent le genre humain et le propagent. Le père des divinités et le maître des humains, qui fait trembler tout l'Olympe d'un signe de tête, est bien obligé de remiser sa foudre à triple pointe et ce visage titanique qui terrifie les Dieux, pour emprunter un pauvre masque, comme un acteur de comédie, chaque fois qu'il veut faire, ce qu'il fait souvent, un enfant.

Les Stoïciens ont la prétention de voisiner avec les Dieux. Qu'on m'en donne un qui soit trois ou quatre fois, mettons mille fois stoïcien ; peut-être, dans le cas qui nous occupe, ne coupera-t-il pas sa barbe, emblème de sagesse qu'il partage avec le bouc ; mais il devra bien déposer sa morgue, dérider son front, abdiquer ses inflexibles principes, et il lui arrivera de débiter quelques bêtises et de risquer quelques folies. Oui, c'est moi, c'est bien moi qu'il appellera à l'aide, s'il veut être père.

Et pourquoi ne pas dire clairement les choses ? C'est ma manière. Voyons, avec quoi engendre-t-on les Dieux et les hommes ? Est-ce avec la tête, la face, la poitrine ? Est-ce avec la main ou l'oreille, toutes parties dites honnêtes ? Non point. Ce qui propage la race humaine, c'est une autre partie, si folle, si ridicule, qu'on ne peut la nommer sans rire. Bien plus qu'au « quaternaire » de Pythagore, c'est à cette source sacrée que tous les êtres puisent la vie.

Et puis, quel homme, je le demande, tendrait le col au joug du mariage, si, comme font nos sages, il calculait préalablement les inconvénients d'un tel état ? Et quelle femme irait à l'homme, si elle méditait ce qu'il y a de dangereux à mettre un enfant au monde et de fatigues pour l'élever ? Comme vous devez la vie au mariage, vous devez le mariage à ma suivante l'Étourderie. Et à moi, voyez aussi combien vous m'êtes redevables. Quelle femme, ayant passé par là, voudrait recommencer, si l'Oubli, que voici, n'était auprès d'elle ? Vénus elle-même, quoi qu'en pense Lucrèce, y userait vraiment sa force, si je n'intervenais pas dans l'affaire.

D'un jeu risible entre gens ivres proviennent les philosophes sourcilleux, dont tiennent la place aujourd'hui les êtres vulgairement dénommés moines, et les rois couverts de pourpre, les prêtres pieux, et les trois fois saints pontifes, et même toute cette réunion des dieux de la poésie, dont la foule est si grande que l'Olympe, tout spacieux qu'il soit, la contient à peine.

XII. — Mais ce serait peu de me montrer à vous Semence et Source de la vie, si je n'ajoutais que tout ce qu'il y a de bon en elle, vous me le devez également.

Que serait la vie, en effet, et mériterait-elle son nom, si le plaisir manquait ? Vos applaudissements m'assurent que je dis vrai. Pas un de vous n'est assez sage, ou plutôt assez fou, — non, disons assez sage, — pour être d'un autre avis. Ces fameux Stoïciens eux-mêmes ne dédaignent nullement le plaisir. Ils ont beau s'en cacher et lui décocher mille injures devant la foule, c'est pour en détourner les autres et s'en donner plus à l'aise. Qu'ils l'avouent donc, par Jupiter ! Toute heure de la vie serait triste, ennuyeuse, insipide, assommante, s'il ne s'y joignait le plaisir, c'est-à-dire si la Folie n'y mettait son piquant. Je peux invoquer ici le témoignage de Sophocle, jamais assez loué, qui dit à mon sujet : « Moins on a de sagesse, plus on est heureux. » Mais allons en détail au fond du débat.

XIII. — Qui ne sait que le premier âge est le plus joyeux et le plus agréable à vivre ! Si nous aimons les enfants, les baisons, les caressons, si un ennemi même leur porte secours, n'est-ce pas parce qu'il y a en eux la séduction de la Folie ? La prudente Nature en munit les nouveau-nés pour qu'ils récompensent en agrément ceux qui les élèvent et qu'ils se concilient leur protection. À cet âge succède la jeunesse. Comme elle est fêtée de tous, choyée, encouragée, toutes les mains tendues vers elle ! D'où vient le charme des enfants, sinon de moi, qui leur épargne la raison, et, du même coup, le souci ? Dis-je vrai ? Quand ils grandissent, étudient et prennent l'usage de la vie, leur grâce se fane, leur vivacité languit, leur gaîté se refroidit, leur vigueur baisse. À mesure que l'homme m'écarte, il vit de moins en moins. Enfin, voici l'importune vieillesse, à charge à autrui comme à elle-même, et que personne ne pourrait supporter, si je ne venais encore secourir tant de misères.

Comme font, chez les poètes, les Dieux qui sauvent de la mort par une métamorphose, je ramène au premier âge les vieillards voisins du tombeau. On dit d'eux fort justement qu'ils sont retombés en enfance. Je n'ai pas à cacher comment j'opère. La fontaine de ma nymphe Léthé jaillit aux Îles Fortunées (celle des Enfers n'est qu'un tout petit ruisseau) ; j'y mène mes vieilles gens : ils y boivent les longs oublis, leurs peines s'y noient et s'y rajeunissent. On croit qu'ils déraisonnent, qu'ils radotent ; sans doute, c'est cela même qui est redevenir enfant. Radoter, déraisonner, n'est-ce pas tout le charme de l'enfance ? N'est-il pas un monstre détestable, l'enfant qui raisonne comme un homme fait ? Cet adage l'atteste : « Je hais chez l'enfant la sagesse prématurée… »

Un vieillard qui joindrait à son expérience complète de la vie l'avantage de la force de l'âme et de la pénétration du jugement, qui supporterait de l'avoir pour ami et pour familier ? Laissons plutôt cet âge radoter. Mon vieillard échappe aux maux qui tourmentent le sage. C'est un joyeux vide-bouteille ; le dégoût de l'existence ne l'atteint pas, dont peut souffrir un âge plus robuste. Parfois, comme le vieux Plaute, il revient aux trois lettres fameuses, ce qui le rendrait très malheureux s'il avait sa raison ; mais il est heureux par mes bienfaits, agréable à ses amis et à la société. C'est ainsi que, chez Homère, de la bouche de Nestor coulent des paroles plus douces que le miel, tandis que le discours d'Achille déborde d'amertume ; et le poète montre encore les vieillards sur les murs de la ville, s'entretenant en paroles fleuries. Par là, ils l'emportent même sur la petite enfance, tout aimable assurément, mais privée du plaisir suprême de la vie, qui est de bavarder.

Ajoutez que les vieillards adorent les enfants et que ceux-ci raffolent d'eux, car qui se ressemble s'assemble. Ils ne diffèrent que par les rides et le nombre des années. Cheveux clairs, bouche sans dents, corps menu, goût du lait, balbutiement, babillage, niaiserie, manque de mémoire, étourderie, tout les rapproche ; et plus s'avance la vieillesse, plus s'accentue cette ressemblance, jusqu'à l'heure où l'on sort des jours, incapable à la fois, comme l'enfant, de regretter la vie et de sentir la mort.

XIV. — Qu'on ose à présent comparer mes bienfaits aux métamorphoses dont disposent les autres divinités ! Je passe sous silence leurs actes de colère ; mais, de leurs meilleurs protégés, que font-elles ? un arbre, un oiseau, une cigale, voire un serpent, comme si changer de forme n'équivalait pas à mourir ! Moi, c'est le même individu que je restitue au temps de sa vie le meilleur et le plus heureux. Si les mortels se décidaient à rompre avec la Sagesse et vivaient sans cesse avec moi, au lieu de l'ennui de vieillir, ils connaîtraient la jouissance d'être toujours jeunes. Ne voyez-vous pas les gens moroses, en proie à la philosophie ou aux difficultés des affaires, la plupart vieillis avant d'avoir eu leur jeunesse, parce que les soucis, la tension continuelle de la pensée ont progressivement tari en eux le souffle et la sève de la vie ? Mes fols, au contraire, gras et reluisants, la peau brillante, vrais porcs d'Acarnanie, comme on dit, ne subiraient jamais le moindre inconvénient de l'âge, s'ils se gardaient entièrement de la contagion des sages. Ils y cèdent parfois, les hommes n'étant point parfaits, parce qu'ils oublient l'adage vulgaire qui est ici de poids : « Seule la Folie conserve la jeunesse et met en fuite la vieillesse fâcheuse. »

Comme le peuple a raison de louer les gens du Brabant, que l'âge n'assagit point comme il fait du reste des hommes ! Eux, plus ils en prennent, plus ils restent fous. Aucune population plus facile à vivre et qui s'attriste moins de vieillir. Mes Hollandais voisinent avec eux, d'habitudes comme de frontières. Et pourquoi ne les dirais-je pas miens, ces bons Hollandais qui me révèrent et en ont mérité un sobriquet ? On dit : « fols de Hollande » et, loin d'en rougir, ils s'en vantent.

Allez à présent, sots mortels, demander aux Médée, aux Circé, aux Vénus, aux Aurore, ou à je ne sais quelle fontaine, de vous rendre votre jouvence. Moi seule en ai le pouvoir. Je détiens le philtre mirifique, grâce auquel la fille de Memnon, prolongea celle de son aïeul Tithon. Par la Vénus que je suis, Phaon put rajeunir assez pour rendre Sapho folle de lui. Par mes herbes, puisque herbes il y a, par mes prières, par ma fontaine, la jeunesse enfuie revient et, ce qu'on désire davantage, ne s'en va plus. Si vous êtes tous très persuadés que c'est le bien suprême, et la vieillesse le plus détestable des maux, voyez à quel point je peux vous servir, moi qui ramène l'une et vous délivre de l'autre.

XV. — Mais ne parlons plus des mortels. Parcourez l'ensemble du Ciel ; je consens que mon nom soit pris pour injure, si l'on y découvre un seul dieu, de ceux qu'on goûte et qu'on recherche, qui ne soit de ma clientèle. Pourquoi Bacchus est-il toujours le jeune éphèbe aux beaux cheveux ? C'est qu'il vit, ivre et inconscient, parmi les festins, les danses, les chants et les jeux, et qu'il n'a pas avec Pallas le moindre commerce. Il tient si peu à passer pour sage, que le culte qui lui agrée n'est que farces et plaisanteries. Il ne s'offense pas de l'adage qui le déclare « plus fou que Morychos ». Ce nom de Morychos vient de la statue à l'entrée de son temple, que les cultivateurs s'égaient à barbouiller de moût et de figues fraîches. Quels coups de boutoir n'a-t-il pas reçus de l'ancienne Comédie ! « Le sot dieu, disait-on, bien digne de naître d'une cuisse ! » Mais qui n'aimerait mieux être ce fou et ce sot, toujours jovial, toujours juvénile, apportant plaisirs et joie à chacun, plutôt qu'un Jupiter peu sûr et redoutable au monde entier, ou le vieux Pan, qui sème partout la déroute, ou Vulcain souillé de cendre et sali du travail de sa forge, ou Pallas elle-même, au regard torve, qui menace continuellement de sa Gorgone et de sa lance ! Cupidon ne cesse pas d'être enfant ; pourquoi ? parce qu'étant frivole, il ne s'occupe et ne songe à rien de sensé. Pourquoi la beauté de Vénus dorée est-elle un éternel printemps ? parce qu'elle est de ma famille et porte au visage la couleur de mon père, d'où Homère l'appelle Aphrodite d'or. De plus, elle a toujours le sourire, à en croire les poètes ou les sculpteurs, leurs émules. Quelle divinité enfin fut plus honorée des Romains que Flore, mère de tous les plaisirs ?

Si l'on étudie attentivement dans Homère comment se comportent même les dieux sévères, on trouvera partout maint trait de folie. Connaissez-vous bien, par exemple, les amours et les ébats de ce Jupiter qui gouverne la foudre ? Cette farouche Diane, qui oublie son sexe et ne fait que chasser, dépérit cependant d'amour pour Endymion. Je voudrais que Momus leur fît entendre leurs vérités, ce qui jadis lui arrivait assez souvent ; mais ils se sont fâchés et l'ont précipité sur la terre avec Até, parce que ses remontrances importunaient la félicité divine. Et l'exilé n'est ici-bas recueilli par personne ; il ne le sera surtout point à la cour des princes : ma suivante, la Flatterie, qui y tient la première place, s'accorde avec Momus comme le loup avec l'agneau.

Depuis qu'ils l'ont chassé, les Dieux s'amusent davantage et beaucoup plus librement. Ils mènent la vie facile, comme dit Homère, et nul ne les censure plus. Comme il leur prête à rire, le Priape de bois de figuier ! Comme ils se divertissent aux larcins et aux escamotages de Mercure ! Vulcain, à leur banquet, devenu l'habituel bouffon, arrive en claudiquant, débite ses malices et ses énormités, et toute la table crève de rire. Puis Silène, barbon lascif, leur danse la cordace avec le lourd Polyphème, tandis que le chœur des Nymphes les régale de la gymnopédie. Des Satyres, aux jambes de bouc, leur jouent des farces atellanes. Avec quelque chanson idiote Pan les fait tous pouffer, et ils préfèrent son chant à celui des Muses, surtout à l'heure où le nectar commence à leur monter à la tête. Comment conter ce que font, après le repas, des dieux qui ont bu consciencieusement ? C'est tellement fou que je ne pourrais quelquefois m'empêcher d'en rire. Mais mieux vaut, sur ce point, se taire comme Harpocrate, de peur que quelque dieu Corycéen ne nous écoute révéler des choses que Momus lui-même n'a pu dire impunément.

XVI. — Il est temps, à la façon homérique, de quitter les cieux pour revenir sur terre. Vous n'y trouverez ni joie, ni bonheur, si je ne m'en mêle. Voyez d'abord avec quelle prévoyance Dame Nature, génitrice et fabricante de genre humain, a bien soin de laisser en tout un grain de folie. D'après les Stoïciens, la Sagesse consiste à se faire guider par la raison, la Folie à suivre la mobilité des passions. Pour que la vie des hommes ne fût pas tout à fait triste et maussade, Jupiter leur a donné beaucoup plus de passions que de raison. En quelles proportions ? C'est l'as comparé à la demi-once. En outre, cette raison, il l'a reléguée dans un coin étroit de la tête, abandonnant aux passions le corps tout entier. Enfin, à la raison isolée, il a opposé la violence de deux tyrans : la Colère, qui tient la citadelle de la poitrine avec la source vitale qu'est le cœur, et la concupiscence, dont l'empire s'étend largement jusqu'au bas-ventre. Comment la raison se défend-elle contre ces deux puissances réunies ? L'usage commun des hommes le montre assez. Elle ne peut que crier, jusqu'à s'enrouer, les ordres du devoir. Mais c'est un roi qu'ils envoient se faire pendre, en couvrant sa parole d'injures ; de guerre lasse, il se tait et s'avoue vaincu.

XVII. — L'homme, cependant, étant né pour gouverner les choses, aurait dû recevoir plus qu'une petite once de raison. Jupiter me consulta sur ce point comme sur les autres, et je lui donnai un conseil digne de moi : celui d'adjoindre la femme à l'homme. Ce serait en effet, disais-je, un animal délicieux, fol et déraisonnable, mais plaisant en même temps, qui, dans la vie domestique, mêlerait sa folie au sérieux de son partenaire et en atténuerait les inconvénients. Bien entendu, lorsque Platon semble hésiter à classer la femme parmi les êtres doués de raison, il ne veut pas signifier autre chose que l'insigne folie de ce sexe. Qu'une femme, par hasard, ait envie de passer pour sage, elle ne fait que redoubler sa folie. Va-t-on oindre un bœuf pour la palestre, et Minerve le permettrait-elle ? N'allons pas contre la nature ; on aggrave son vice à le recouvrir de vertu et à forcer son talent. « Le singe est toujours singe, dit l'adage grec, même sous un habit de pourpre. » Pareillement, la femme a beau mettre un masque, elle reste toujours femme, c'est-à-dire folle.

Les femmes pourraient-elles m'en vouloir de leur attribuer la folie, à moi qui suis femme et la Folie elle-même ? Assurément non. À y regarder de près, c'est ce don de folie qui leur permet d'être à beaucoup d'égards plus heureuses que les hommes. Elles ont sur eux, d'abord l'avantage de la beauté, qu'elles mettent très justement au-dessus de tout et qui leur sert à tyranniser les tyrans eux-mêmes. L'homme a les traits rudes, la peau rugueuse, une barbe touffue qui le vieillit, et tout cela signifie la sagesse ;

les femmes, avec leurs joues toujours lisses, leur voix toujours douce, leur tendre peau, ont pour elles les attributs de l'éternelle jeunesse. D'ailleurs, que cherchent-elles en cette vie, sinon plaire aux hommes le plus possible ? N'est-ce pas la raison de tant de toilettes, de fards, de bains, de coiffures, d'onguents et de parfums, de tout cet art de s'arranger, de se peindre, de se faire le visage, les yeux et le teint ? Et n'est-ce pas la Folie qui leur amène le mieux les hommes ? Ils leur promettent tout, et en échange de quoi ? Du plaisir. Mais elles ne le donnent que par la Folie. C'est de toute évidence, si vous songez aux niaiseries que l'homme conte à la femme, aux sottises qu'il fait pour elle, chaque fois qu'il s'est mis en tête de prendre son plaisir.

Vous savez maintenant quel est le premier, le plus grand agrément de la vie, et d'où il découle.

XVIII. — Il est pourtant des gens, surtout de vieil âge, plus amis de la bouteille que de la femme, qui trouvent le bonheur suprême aux beuveries. Qu'il puisse y avoir sans femmes un repas exquis, d'autres en décideront ; j'affirme, moi, qu'il doit être assaisonné de folie. S'il y manque, vraie ou feinte, la folie d'un boute-en-train, on fait venir à table le bouffon payé ou le parasite ridicule, dont les saillies grotesques, folles par conséquent, chasseront le silence et l'ennui. À quoi bon se charger le ventre de tant de mets abondants et friands, si les yeux, les oreilles et l'âme entière ne se repaissent de rires, de plaisanteries et de paroles joviales ? Or, cette partie du service, c'est bien moi qui l'ordonne uniquement. Tous ces usages des festins, tirer le roi au sort, jeter les dés, porter des santés, boire et chanter à tour de rôle, se passer le myrte après la chanson, et la danse, et la pantomime, ce ne sont pas les Sept Sages de la Grèce qui les ont inventés, c'est moi pour le bonheur du genre humain. Et ce qui les caractérise, c'est que, plus ils contiennent de folie, plus ils enchantent l'existence. Si la vie demeurait triste, elle ne s'appellerait pas la vie, et ce n'est que par de tels moyens qu'elle échappe à la tristesse et à son proche cousin, l'ennui.

XIX. — Certains dédaigneront cette sorte de plaisir et s'attacheront plutôt aux douceurs et aux habitudes de l'amitié. L'amitié, assurent-ils, doit être préférée à tout en ce monde ; elle n'est pas moins nécessaire que l'air, le feu ou l'eau ; son charme est tel, que l'ôter du milieu des hommes serait leur ravir le soleil ; enfin, si cela peut la recommander davantage, les philosophes eux-mêmes n'ont pas craint de l'inscrire parmi les plus grands biens. Je peux prouver que, de ce grand bien, je suis à la fois la poupe et la proue ; ma démonstration ne comporte ni syllogisme au crocodile, ni sorite cornu, ni telle autre argutie de dialectique ; le gros bon sens y suffit et vous allez le toucher du doigt.

Voyons un peu. Connivence, méprise, aveuglement, illusion à l'égard des défauts de ses amis, complaisance à prendre les plus saillants pour des qualités et à les admirer comme tels, cela n'est-il pas voisin de la folie ? L'un baise la verrue de sa maîtresse ; l'autre hume, en se délectant, un polype au nez de son Agna chérie ; un père dit, de son fils qui louche, qu'il a le regard en coulisse. N'est-ce pas de la vraie folie ? Disons-le, répétons-le, c'est bien elle qui unit les amis et les conserve dans l'union.

Je parle ici du commun des mortels, dont aucun ne naît sans défauts et dont le meilleur est celui qui a les moins grands. Mais, parmi ces sortes de dieux qui sont les sages, nulle amitié ne peut se former à moins d'être morose et sans grâce, et encore très peu d'entre eux se lient, pour ne pas dire aucun. Enfin, qui se ressemble, s'assemble, et nous savons que la plupart des hommes sont éloignés de la sagesse et que tous, sans exception, extravaguent de quelque façon. Si parfois une sympathie mutuelle réunit ces esprits austères, elle reste instable, éphémère, entre gens sévères, clairvoyants à l'excès, qui discernent les défauts de leurs amis d'un œil aussi perçant que celui de l'aigle ou du serpent d'Épidaure. Pour leurs propres imperfections, il est vrai, ils ont la vue bien obscurcie, ils ignorent la besace qui leur pend sur le dos. Ainsi, puisque aucun homme n'est exempt de grands défauts, puisqu'il faut compter avec les immenses différences d'âge et d'éducation, avec les chutes, les erreurs, les accidents de la vie mortelle, demandez-vous comment les sages, ces argus perspicaces, pourraient jouir même une heure de l'amitié, si n'intervenait dans leurs cas ce que les Grecs appellent Euétheia, ce que nous pourrions traduire soit par folie, soit par indulgente facilité. Mais, quoi ! Cupidon, qui crée et resserre tous les liens, n'est-il pas entièrement aveugle ? De même que ce qui n'est pas beau lui semble l'être, n'obtient-il pas que chacun de vous trouve beau ce qui lui appartient, et que le vieux raffole de sa vieille comme l'enfant de sa poupée ? Ces ridicules-là sont courants, et l'on s'en moque ; c'est eux pourtant qui rendent la vie agréable et font le lien de la société.

XX. — Ce que je dis de l'amitié s'applique mieux encore au mariage, union contractée pour la vie. Dieux immortels ! Que de divorces et d'aventures pires que le divorce ne multiplierait pas la vie domestique de l'homme et de la femme, si elle n'avait pour aliments et pour soutiens : la complaisance, le badinage, la faiblesse, l'illusion, la dissimulation, enfin tous mes satellites ! Ah ! qu'il se conclurait peu de mariages, si l'époux s'informait prudemment des jeux dont la petite vierge, aux façons délicates et pudiques, s'est amusée fort avant les noces ! Et plus tard, quel contrat pourrait tenir, si la conduite des femmes ne se dérobait à l'insouciance et à la bêtise des maris ! Tout cela s'attribue à la Folie ; c'est par elle que la femme plaît à son mari, le mari à sa femme, que la maison est tranquille et que le lien conjugal ne se dénoue pas. On rit du cocu, du cornard ; comment ne l'appelle-t-on pas ! Mais lui sèche sous ses baisers les larmes de l'adultère. Heureuse illusion, n'est-ce pas ? et qui vaut mieux que se ronger de jalousie et prendre tout au tragique !

XXI. — Vous voyez que sans moi, jusqu'à présent, aucune société n'a d'agrément, aucune liaison n'a de durée. Le peuple ne supporterait pas longtemps son prince, le valet son maître, la suivante sa maîtresse, l'écolier son précepteur, l'ami son ami, la femme son mari, l'employé son patron, le camarade son camarade, l'hôte son hôte, s'ils ne se maintenaient l'un l'autre dans l'illusion, s'il n'y avait entre eux tromperie réciproque, flatterie, prudente connivence, enfin le lénifiant échange du miel de la Folie.

Cela vous paraît énorme. Écoutez plus fort encore.

XXII. — Dites-moi si l'homme qui se hait soi-même est capable d'aimer autrui, si celui qui se combat soi-même peut s'entendre avec quelqu'un, si celui qui est à charge à soi-même peut être agréable à un autre. Pour le prétendre, il faudrait être plus fou que moi. Eh bien, si l'on me chassait de la société, nul ne pourrait un instant supporter ses semblables, chacun même se prendrait en dégoût et en haine. La Nature, souvent plus marâtre que mère, a semé dans l'esprit des hommes, pour peu qu'ils soient intelligents, le mécontentement de soi et l'admiration d'autrui. Ces dispositions assombrissent l'existence ; elle y perd tous ses avantages, ses grâces et son charme. À quoi sert, en effet, la beauté, présent suprême des Immortels, si elle vient à se flétrir ? À quoi bon la jeunesse, si on la laisse corrompre par un ennui sénile ? Dans toutes tes actions, le premier principe que tu dois observer est la bienséance ; tu ne t'y tiendras envers toi-même, comme envers les autres, que grâce à cette heureuse Philautie, qui me sert de sœur, puisque partout elle collabore avec moi. Mais aussi comment paraître avec grâce, charme et succès, si l'on se sent mécontent de soi ? Supprimez ce sel de la vie, aussitôt l'orateur se refroidit dans son discours, la mélodie du musicien ennuie, le jeu de l'acteur est sifflé, on rit du poète et de ses Muses, le peintre se morfond sur son tableau et le médecin meurt de faim avec ses drogues. Le beau Nirée ressemble à Thersite, le jeune Phaon à Nestor, Minerve à une truie, le brillant parleur s'exprime comme un petit enfant, le citadin comme un rustaud. Tant il est nécessaire que chacun se complaise en soi-même et s'applaudisse le premier pour se faire applaudir des autres !

Enfin de compte, si le bonheur consiste essentiellement à vouloir être ce que l'on est, ma bonne Philautie le facilite pleinement. Elle fait que personne n'est mécontent de son visage, ni de son esprit, de sa naissance, de son rang, de son éducation, de son pays. Si bien que l'Irlandais ne voudrait pas changer avec l'Italien, le Thrace avec l'Athénien, le Scythe avec l'insulaire des Fortunées. Et quelle prévoyante sollicitude de la Nature, qui fait merveilleusement disparaître tant d'inégalités ! A-t-elle, pour quelqu'un, été avare de ses dons ? Elle renforce aussitôt chez lui l'amour-propre, et je viens de m'exprimer fort sottement, puisque ce don-là vaut bien tous les autres.

Je dirai maintenant qu'il n'est point d'action d'éclat que je n'inspire, point de bel art dont je ne sois la créatrice.

XXIII. — N'est-ce pas au champ de la guerre que se moissonnent les exploits ? Or, qu'est-il de plus fou que d'entamer ce genre de lutte pour on ne sait quel motif, alors que chaque parti en retire toujours moins de bien que de mal ? Il y a des hommes qui tombent ; comme les gens de Mégare, ils ne comptent pas. Mais, quand s'affrontent les armées bardées de fer, quand éclate le chant rauque des trompettes, à quoi seraient bons, je vous prie, ces sages épuisés par l'étude, au sang pauvre et refroidi, qui n'ont que le souffle ? On a besoin alors d'hommes gros et gras, qui réfléchissent peu et aillent de l'avant. Préférerait-on ce Démosthène soldat qui, docile aux conseils d'Archiloque, jeta son bouclier pour fuir, dès qu'il aperçut l'ennemi ? Il était aussi lâche au combat que sage à la tribune. On dira bien qu'en guerre l'intelligence joue un très grand rôle. Dans le chef, je l'accorde ; encore est-ce l'intelligence d'un soldat, non celle d'un philosophe. La noble guerre est faite par des parasites, des entremetteurs, des larrons, des brigands, des rustres, des imbéciles, des débiteurs insolvables, en somme par le rebut de la société, et nullement par des philosophes veillant sous la lampe.

XXIV. — Ceux-ci n'ont jamais rien su faire dans la vie, témoin Socrate lui-même, le sage par excellence, proclamé tel par l'oracle d'Apollon, qui ce jour-là manqua de sagesse. Ayant voulu parler au public sur je ne sais quel sujet, il dut se taire devant la risée générale. Il ne montre de bon sens que lorsqu'il se refuse à prendre ce titre de sage, réservé par lui à Dieu seul, et quand il conseille à ses pareils de ne pas se mêler des affaires publiques. Il eût mieux fait d'enseigner que, pour vivre en homme, il faut s'abstenir de sagesse. Ce qui lui a valu de boire la ciguë, n'est-ce pas précisément l'inculpation de sagesse ? Tandis qu'il philosophait sur des idées et des nuées, mesurait mathématiquement les pattes de la puce, observait le bourdonnement du moucheron, il n'a rien compris à l'ordinaire de l'existence.

Et voici Platon, son disciple, prêt à plaider pour le sauver de la mort, excellent avocat en vérité, qu'ahurit le bruit de la foule et qui peut à peine en public débiter la moitié de sa période ! Que dire aussi de Théophraste, qui monte à la tribune et tout à coup reste coi, comme s'il apercevait le loup ! Aurait-il, à la guerre, entraîné des soldats ? Isocrate fut si timide qu'il n'osa même jamais ouvrir la bouche. Marcus Tullius, père de l'éloquence romaine, prononçait son exorde avec un tremblement pénible, pareil à un sanglot d'enfant. Quintilien y voit la marque de l'orateur sensé, qui se rend compte du péril ; il vaudrait mieux avouer franchement que la sagesse nuit au succès. Que feront, l'épée à la main, ces hommes que la peur glace déjà, quand le combat n'est qu'en paroles ?

On vantera après cela, s'il plaît aux Dieux, la maxime fameuse de Platon : « Heureuses les républiques dont les philosophes seraient chefs, ou dont les chefs seraient philosophes ! » Si vous consultez l'Histoire, vous verrez, au contraire, que le pire gouvernement fut toujours celui d'un homme frotté de philosophie ou de littérature. L'exemple des deux Caton est, à mon avis, concluant : l'un, par ses dénonciations extravagantes, a mis la République sens dessus dessous ; l'autre, en défendant avec trop de sagesse la liberté du peuple romain, l'a compromise sans retour. Adjoignez-leur les Brutus, les Cassius, les Gracchus et Cicéron même, qui devint la peste de la république romaine comme Démosthène de celle d'Athènes. Admettons qu'Antonin ait été un bon empereur, bien que je puisse le nier d'après son impopularité née de sa philosophie ; mais, s'il fut bon, il causa plus de mal à la chose publique, par le fils qu'il a laissé, qu'il n'a pu lui apporter de bien par ses qualités d'administrateur. Comme ce genre d'hommes qui s'adonne à étudier la sagesse joue de malheur en toute chose, et en particulier dans sa progéniture, je pense que la prévoyance de la Nature empêche de se propager outre mesure ce mal de la sagesse. Aussi, le fils de Cicéron fut-il un dégénéré, et le sage Socrate eut-il des enfants qui, assure un bon auteur, tinrent de leur mère plus que de lui, c'est-à-dire furent des fous.

XXV. — On supporterait que ces gens-là parussent dans des charges publiques comme des ânes avec une lyre, s'ils ne se montraient maladroits dans tous les actes de la vie. Invitez un sage à dîner, il est votre trouble-fête par son morne silence ou des dissertations assommantes. Conviez-le à danser, vous diriez que c'est un chameau qui se trémousse. Entraînez-le au spectacle, son visage suffira à glacer le public qui s'amuse, et on l'obligera à sortir de la salle, comme on fit au sage Caton pour n'avoir pu quitter son air renfrogné.

Survient-il dans une causerie, c'est l'arrivée du loup de la fable. S'agit-il pour lui de conclure un achat, un contrat ou tel de ces actes qu'exige la vie quotidienne, ce n'est pas un homme, mais une bûche. Il ne rendra service ni à lui-même, ni à sa patrie, ni à ses amis, parce qu'il ignore tout des choses ordinaires et que l'opinion et les usages courants lui sont absolument étrangers. Cette séparation totale des autres esprits engendre contre lui la haine. Tout, en effet, chez les hommes, ne se fait-il pas selon la Folie, par des fous, chez des fous ? Celui qui va contre le sentiment général n'a qu'à imiter Timon et à gagner le désert pour y jouir solitairement de la sagesse.

XXVI. — Je reviens à mon sujet. Ces êtres sauvages, qui semblent nés des rochers ou des chênes, on n'est parvenu à les réunir dans des cités qu'en les amadouant. Telle est la signification de la lyre d'Amphion et d'Orphée. La plèbe romaine soulevée, prête aux extrêmes violences, qui l'a ramenée à la concorde ? Est-ce un discours de philosophe ? Nullement ; c'est l'apologue risible et puéril des membres et de l'estomac. Thémistocle eut le même succès avec un apologue semblable, du renard et du hérisson. Quelle parole de sage aurait produit l'effet de la biche imaginée par Sertorius, des deux chiens de Lycurgue et le plaisant propos sur la manière d'épiler la queue d'un cheval ? Je ne parle pas de Minos, ni de Numa, qui tous deux gouvernèrent la folle multitude avec des fictions fabuleuses. C'est par ces niaiseries-là qu'on mène cette énorme et puissante bête qu'est le peuple.

XXVII. — Connaît-on une seule république qui se soit gouvernée par les lois de Platon ou d'Aristote, ou les enseignements de Socrate ? Qui a décidé Décius à se dévouer librement aux dieux Mânes ? Qui a entraîné Curtius vers le gouffre ? Rien autre que la vaine gloire, une sirène fort persuasive que les sages accablent de leur anathème : « Quoi de plus insensé, disent-ils, que de flatter le peuple pour une candidature, d'acheter ses suffrages, de pourchasser l'applaudissement de tant de fous, de se complaire à être acclamé, de se faire porter en triomphe comme une idole ou de se voir en statue d'airain sur le forum ? Ajoutez-y l'ostentation des noms et prénoms, les honneurs divins rendus à un pauvre être humain, les cérémonies publiques où sont mis au rang des Dieux les tyrans les plus exécrables. Ce sont là de telles folies qu'un seul Démocrite ne suffirait pas à s'en moquer. » C'est entendu ; mais de ces folies sont nés les hauts faits des héros que tant de pages brillantes portent aux nues ; elles engendrent les cités, maintiennent les empires, les magistratures, la religion, les desseins et les jugements des hommes. La vie entière du héros n'est qu'un jeu de la Folie.

XXVIII. — Parlons à présent des métiers. Comment les esprits ont-ils conçu et transmis tant de connaissances qui passent pour excellentes, sinon par soif de la gloire ? C'est à force de veilles et de sueurs que des hommes, en vérité extrêmement fous, ont cru acheter cette renommée qui est bien la plus vaine des choses. Vous n'en devez pas moins à la Folie toutes les précieuses commodités de l'existence par lesquelles, ce qui est infiniment agréable, vous tirez parti de la folie d'autrui.

XXIX. — À présent que j'ai réussi à m'attribuer les effets du courage et du labeur de l'humanité, ne vais-je pas revendiquer aussi les mérites du bon sens ? Comment ! dira quelqu'un, autant vaut marier l'eau et le feu. Je compte pourtant vous convaincre pour peu que vous m'accordiez la même attention et me gardiez l'esprit et l'oreille.

Puisque le bon sens tient à l'expérience, l'honneur en doit-il revenir au sage qui n'entreprend rien, tant par modestie que par timidité de caractère, ou au fou qui est exempt de modestie et ne saurait être timide, puisque le danger n'est pas connu de lui ? Le sage se réfugie dans les livres des Anciens et n'y apprend que de froides abstractions ; le fou, en abordant les réalités et les périls, acquiert à mon avis le vrai bon sens. Homère l'a bien vu, malgré sa cécité, lorsqu'il a dit : « Le fou s'instruit à mes dépens. » Deux obstacles principaux empêchent de réussir aux affaires : l'hésitation, qui trouble la clarté de l'esprit, et la crainte, qui montre le péril et détourne d'agir. La Folie en débarrasse à merveille ; mais peu de gens comprennent l'immense avantage qu'il y a à ne jamais hésiter et à tout oser.

Si l'expérience équivaut à l'exacte appréciation des réalités, écoutez combien s'en éloignent ceux qui précisément s'en réclament. Il est constant tout d'abord que toutes choses humaines ont, comme les Silènes d'Alcibiade, deux faces fort dissemblables. La face extérieure marque la mort ; regardez à l'intérieur, il y a la vie, ou inversement. La beauté recouvre la laideur ; la richesse, l'indigence ; l'infamie, la gloire ; le savoir, l'ignorance. Ce qui semble robustesse est débilité ; ce qui semble de bonne race est vil. La joie dissimule le chagrin ; la prospérité, le malheur ; l'amitié, la haine ; le remède, le poison. En somme, ouvrez le Silène, vous rencontrerez le contraire de ce qu'il montre.

Trouvez-vous cela trop philosophique ? je vais parler plus terre à terre. Tout le monde voit dans un roi un être riche et puissant. Cependant, s'il n'a aucune qualité spirituelle, rien ne lui appartient ; il est même infiniment pauvre et, si ses vices sont nombreux, il n'est qu'un vil esclave. On pourrait étendre le raisonnement, mais il suffit d'avoir pris cet exemple. Que voulez-vous prouver ? me dit-on. Voici où j'en veux venir. Des acteurs sont en scène et jouent leur rôle ; quelqu'un essaie d'arracher leur masque pour montrer aux spectateurs leur visage naturel ; ne va-t-il pas troubler toute la pièce, et ce furieux ne mérite-t-il pas d'être chassé du théâtre ? Son acte vient de changer toutes les apparences : la femme de la scène soudain apparaît un homme, le jouvenceau, un vieillard ; on voit que le roi est un Dama, et le dieu, un petit bonhomme. L'illusion ôtée, toute l'œuvre est bouleversée ; ce travesti, ce fard étaient cela même qui charmait les yeux. Il en va ainsi de la vie. Qu'est-ce autre chose qu'une pièce de théâtre, où chacun, sous le masque, fait son personnage jusqu'à ce que le chorège le renvoie de la scène ? Celui-ci, d'ailleurs, confie au même acteur des rôles fort divers, et tel qui revêtait la pourpre du roi reparaît sous les loques de l'esclave. Il n'y a partout que du travesti, et la comédie de la vie ne se joue pas différemment.

Imaginons qu'un sage nous tombe du ciel et nous tienne ce langage : « Cet individu que tous révèrent comme un souverain et comme un dieu, n'est pas même un homme, puisqu'il est, comme l'animal, gouverné par les sensations ; c'est le plus vil des esclaves, puisqu'il obéit spontanément à tant de maîtres aussi honteux. Ce fils en deuil, qui pleure son père, devrait se réjouir, puisque le défunt a commencé de vivre véritablement, la vie terrestre n'étant qu'une sorte de mort. Cet autre, qui tire honneur de ses armoiries, n'est en fait qu'un vilain et un bâtard, parce qu'il reste étranger à la vertu, d'où sort toute vraie noblesse. » Si ce sage parlait ainsi de chacun, qu'arriverait-il de lui ? Tout le monde le prendrait pour un fou furieux. Comme il est d'une suprême sottise d'exprimer une vérité intempestive, il est de la dernière maladresse d'être sage à contretemps. Il agit à contretemps celui qui ne sait s'accommoder des choses telles qu'elles sont, qui n'obéit pas aux usages, qui oublie cette loi des banquets : « Bois ou va-t'en ! » et qui demande que la comédie ne soit pas une comédie. Tu montreras du vrai bon sens, toi qui n'es qu'un homme, en ne cherchant pas à en savoir plus que les hommes, en te pliant de bon gré à l'avis de la multitude ou en te trompant complaisamment avec elle. « Mais, dira-t-on, c'est proprement de la folie ! » Je ne contredis pas, pourvu qu'on m'accorde en retour qu'ainsi se joue la comédie de la vie.

XXX. — À présent, Dieux immortels ! dois-je continuer ou me taire ? Mais pourquoi taire ce qui est plus vrai que la vérité ? Peut-être conviendrait-il, dans une question aussi grave, d'appeler les Muses de l'Hélicon ; elles sont invoquées par les poètes le plus souvent pour de pures bagatelles. Approchez donc un peu, filles de Jupiter ! je vais démontrer qu'à cette Sagesse parfaite, qu'on dit la citadelle de la félicité, il n'est d'accès que par la Folie.

Il est acquis, n'est-ce pas ? que toutes les passions dépendent d'elle. Ce qui distingue le fou du sage, c'est que le premier est guidé par les passions, le second par la raison ; aussi les Stoïciens écartent-ils de celui-ci toutes les passions, tenues pour des maladies. Il en est cependant qui servent aux pilotes experts, pour gagner le port ; bien plus, aux sentiers de la vertu, elles éperonnent, aiguillonnent vers le bien. Sénèque va protester, doublement stoïcien, qui défend au sage toute espèce de passion. Mais, ce faisant, il supprime l'homme même ; il fabrique un démiurge, un nouveau dieu, qui n'existe nulle part et jamais n'existera ; disons mieux, il modèle une statue de marbre, privée d'intelligence et de tout sentiment humain.

Laissons-les donc jouir de leur sage tout à leur aise, l'aimer sans qu'on le leur dispute et choisir, pour habiter avec lui, la République de Platon, la région des Idées ou les jardins de Tantale. Qui ne fuirait avec horreur, comme un monstre, comme un spectre, un homme de cette espèce, fermé à tous les sentiments naturels, incapable d'une émotion, étranger à l'amour et même à la pitié, « comme la pierre dure ou le roc Marpésien », être à qui rien n'échappe et qui jamais ne se trompe, qui voit tout comme un Lyncée et mesure tout au cordeau, qui n'excuse aucune faute, n'est content que de soi, possède seul richesse et santé, est seul roi et seul libre, se déclare unique en tout, n'ayant pas besoin d'ami et n'étant l'ami de personne, méprisant même envers les Dieux, ne trouvant pour les actes humains, qu'il juge tous insensés, que blâme et raillerie ! L'animal que voilà répond à la perfection du sage.

Voyons, si l'on allait aux voix, quelle ville élirait un magistrat ainsi fait, quelle armée voudrait d'un tel chef ? Bien plus, quelle femme souhaiterait un tel mari, quel hôte accepterait un tel convive et quel valet endurerait un maître de cet acabit ? Qui n'aimerait mieux prendre au hasard, dans la masse des fous les plus qualifiés, un qui fût capable de leur commander ou de leur obéir, qui sût plaire à ses semblables, c'est-à-dire au plus grand nombre, qui fût aimable avec sa femme, gracieux pour ses amis, belle fourchette à table, compagnon facile à vivre, un homme enfin à qui rien d'humain ne fût étranger.

Mais j'en ai assez, depuis longtemps, du sage en question. Passons à des sujets moins ennuyeux.

XXXI. — Je suppose que quelqu'un regarde de haut la vie de l'homme, comme le Jupiter des poètes le fait quelquefois, et observe la quantité de maux qui fondent sur lui, sa naissance humiliée, son éducation difficile, les dangers autour de son enfance, les durs labeurs imposés à sa jeunesse, sa vieillesse pénible, et la dure nécessité de la mort, après tant de maladies, d'incommodités qui l'assaillent de tous côtés, qui empoisonnent son existence entière. Ne parlons pas du mal que l'homme fait à l'homme : il le ruine, l'emprisonne, le déshonore, le torture, lui tend des pièges, le trahit ; tout énumérer, avec les outrages, les procès, les escroqueries, ce serait compter des grains de sable.

Je n'ai pas à vous dire quels méfaits ont valu aux hommes un tel sort, ni quel Dieu irrité les a condamnés à naître pour ces misères. Qui voudra y bien réfléchir approuvera l'exemple des filles de Milet et leur suicide pourtant bien douloureux. Mais quels sont donc ceux qui se sont tués par dégoût de vivre ? Des familiers de la Sagesse. Passe pour les Diogène, les Xénocrate, les Caton, les Cassius et les Brutus ; mais voyez Chiron choisir la mort à l'heure où il peut obtenir l'immortalité. Vous sentez, je pense, ce qui se produirait, si partout les hommes étaient sages ; il faudrait qu'un autre Prométhée en pétrît d'une nouvelle argile. Moi, tout au contraire, aidée de l'Ignorance autant que de l'Étourderie, en leur faisant oublier leur misère, espérer le bonheur, goûter quelquefois le miel des plaisirs, je les soulage si bien de leurs maux qu'ils quittent la vie avec regret, même alors que la Parque a filé toute leur trame et que la vie elle-même les abandonne.

La vie ne les ennuie nullement. Moins ils ont de motifs d'y tenir, plus ils s'y cramponnent. Ce sont mes clients, ces vieux qui ont atteint l'âge de Nestor et perdu toute forme humaine, et qu'on voit balbutiant, radotant, les dents cassées, le cheveu blanchi ou absent, ou, pour les mieux peindre avec les mots d'Aristophane, malpropres, voûtés, ridés, chauves et édentés, sans menton, s'acharner à goûter la vie. Aussi se rajeunissent-ils, l'un en teignant ses cheveux, l'autre en portant perruque, celui-ci par des fausses dents peut-être prises à un cochon, celui-ci en s'amourachant d'une pucelle et en faisant pour elle plus de folies qu'un tout jeune homme. Tel moribond, près de rejoindre les ombres, épouse sans dot un jeune tendron, qui fera l'affaire des voisins ; le cas est fréquent et, ma foi, l'on s'en fait gloire. Mais le plus charmant est de voir des vieilles, si vieilles, si cadavéreuses qu'on les croirait de retour des Enfers, répéter constamment : « La vie est belle ! » Elles sont chaudes comme des chiennes ou, comme disent volontiers les Grecs, sentent le bouc. Elles séduisent à prix d'or quelque jeune Phaon, se fardent sans relâche, ont toujours le miroir à la main, s'épilent à l'endroit secret, étalent des mamelles flasques et flétries, sollicitent d'une plainte chevrotante un désir qui languit, veulent boire, danser parmi les jeunes filles, écrire des billets doux. Chacun se moque et les dit ce qu'elles sont, archifolles. En attendant, elles sont contentes d'elles, se repaissent de mille délices, goûtent toutes les douceurs et, par moi, sont heureuses. Je prie ceux qui les trouvent ridicules, d'examiner s'il ne vaut pas mieux couler sa douce vie en cette folie que de chercher, comme on dit, la poutre pour se pendre. Bien entendu, le déshonneur qu'on attache à la conduite de mes fous ne compte pas pour eux ; ils ne le sentent même pas, ou n'y font guère attention. Recevoir une pierre sur la tête, c'est un mal qui existe ; la honte, l'infamie, l'opprobre, l'insulte, ne sont des maux qu'autant qu'on les sent. Il n'y a point de mal quand on ne sent rien. Le peuple entier te siffle ; ce n'est rien, si tu t'applaudis, et seule la Folie t'y autorise.

XXXII. — Je crois entendre ici les philosophes réclamer : « C'est précisément fort malheureux qu'on soit tenu ainsi par la Folie dans l'illusion, l'erreur et l'ignorance. » Mais non, c'est être homme, tout simplement. Je ne vois pas pourquoi ils appellent un malheur d'être né tel, d'être élevé et formé selon la condition commune. Il n'y a rien de malheureux à être ce qu'on est, à moins qu'un homme ne se juge à plaindre de ne pouvoir voler comme les oiseaux, marcher à quatre pattes comme le reste des animaux, ou être armé de cornes comme le taureau. Dirait-on malheureux un très beau cheval, parce qu'il ne sait pas la grammaire et ne mange pas de gâteaux, ou un taureau parce qu'il ne peut pas faire de la gymnastique ? De même que son ignorance grammaticale ne saurait rendre malheureux le cheval, la Folie ne fait point le malheur de l'homme, puisqu'elle est conforme à sa nature.

Nos ingénieux contradicteurs viennent nous dire que la connaissance des Sciences est donnée à l'homme pour que son intelligence compense ce que lui refuse la Nature. Comme s'il était vraisemblable que la Nature, si vigilante pour les moucherons et même pour les plantes et les fleurs, sommeillât seulement pour l'homme, en lui imposant de recourir aux Sciences inventées à son dam par Theuth, l'ennemi du genre humain ! Elles sont, en effet, si peu utiles au bonheur qu'elles ne servent même pas à réaliser le bien qu'on attend de chacune d'elles, comme le prouve élégamment dans Platon un roi fort sensé, à propos de l'invention de l'écriture. Les Sciences ont fait irruption dans l'humanité avec le reste de ses fléaux ; elles proviennent des auteurs de toutes les mauvaises actions, c'est-à-dire des démons, dont le nom même, en grec, signifie qu'ils sont savants.

D'aucune science n'était pourvue la race simple de l'âge d'or ; seul la guidait l'instinct de la Nature. Quel besoin avait-on de la grammaire, puisque la langue alors était la même pour tous et que la parole ne servait à rien d'autre qu'à se faire comprendre ? Quel besoin de la dialectique, puisque aucun combat ne se livrait entre opinions rivales ? Que faire de la rhétorique, puisqu'il n'y avait point de procès ? Quel usage de la jurisprudence, alors que n'avaient pas commencé les mauvaises mœurs, d'où sont nées sans nul doute les bonnes lois ? Les hommes étaient trop religieux pour porter une curiosité impie aux mystères de la Nature, mesurer les astres, leurs mouvements, leurs influences, scruter le secret mécanisme du monde. Ils croyaient criminel qu'on cherchât à en savoir plus long qu'un simple mortel. C'était démence que regarder au-delà du ciel et la pensée n'en venait à personne. Mais, à mesure que diminua cette pureté de l'âge d'or, les mauvais génies dont j'ai parlé inventèrent les Sciences. Elles furent d'abord peu nombreuses avec peu d'initiés. Plus tard, la superstition des Chaldéens et la vaine frivolité des Grecs les surchargèrent de tortures sans nombre pour l'intelligence, au point que la grammaire seule peut faire le supplice de toute une vie.

XXXIII. — Parmi les Sciences, au reste, celles qu'on met au pinacle sont le plus voisines du sens commun, c'est-à-dire de la Folie. Les théologiens ont faim, les physiciens ont froid, on ridiculise les astrologues, on néglige les dialecticiens. « Mais le médecin, à lui seul, vaut bien des hommes » ; et dans cette profession, le plus ignorant, le plus aventureux, le plus étourdi est aussi le plus couru, même chez les grands. C'est que la médecine ordinaire aujourd'hui n'est qu'une forme de la flatterie, non moins que la rhétorique. Après les médecins, le haut du pavé est aux gens de loi, et peut-être même marchent-ils les premiers. À en croire l'unanimité des philosophes, leur profession n'est qu'une ânerie ; cependant, ces ânes ont en main les plus grandes comme les plus petites affaires. Leurs vastes domaines s'arrondissent, pendant que le théologien, qui a dépouillé toutes les paperasses divines, grignote du lupin et pourchasse sans trêve les punaises et les poux. La faveur va donc aux Sciences qui se rapprochent le plus de la Folie ; de même, les hommes les plus heureux sont ceux qui ont pu s'enfuir le plus loin des Sciences et prendre pour maître la seule Nature. Elle n'est en défaut nulle part, à moins qu'on ne veuille sortir des limites de la condition mortelle.

La Nature hait l'artifice et rien ne vaut ce qu'il n'a pas profané.

XXXIV. — Ne croyez-vous pas, dans tout le reste des espèces animales, que celles qui vivent le mieux sont les moins éduquées, celles qui n'ont pour les instruire que la Nature ? Qu'y a-t-il de plus heureux et de plus admirable que les abeilles ? Pourtant, elles ne possèdent pas tous les sens. L'architecture découvrira-t-elle des moyens de construire égaux aux leurs ? Un philosophe a-t-il jamais institué une république semblable ? Le cheval, au contraire, qui a les mêmes sens que les hommes et vit en leur compagnie, participe à leurs misères. Ne supportant point d'être dépassé à la course, il s'exténue et, s'obstinant à vaincre dans la bataille, il est percé de coups et mord la poussière avec son cavalier. Je passe sous silence le mors très rude, les éperons aigus, la captivité de l'écurie, le fouet, le bâton, les brides, le cavalier, enfin tout ce drame d'une servitude qu'il accepte volontairement, lorsque d'un courage tout humain il se donne entièrement à sa vengeance.

Combien est préférable l'existence des mouches et des oiseaux, livrés au hasard et à l'instinct naturel autant que le permet l'embûche des hommes ! Mis en cage par eux et instruits à imiter leur voix, les oiseaux perdent étrangement de leur beauté native. Tant l'emportent sur les défigurations de l'Art les ouvrages de la Nature ! Aussi ne louerai-je jamais assez ce coq qui faisait le Pythagore en ses métamorphoses ! Ayant été tout : philosophe, homme, femme, roi, particulier, poisson, cheval, grenouille, et je crois même éponge, il jugeait que l'homme était le plus calamiteux des animaux, parce que tous acceptent de vivre dans les limites de leur nature, tandis que seul il s'efforce de les franchir.

XXXV. — Encore préférait-il, à beaucoup d'égards, parmi les hommes, les ignorants aux savants et aux puissants. Gryllus encore fut bien plus sensé qu'Ulysse fécond en conseils, quand il aima mieux grogner dans une étable, plutôt que d'affronter avec lui tant de périls. Tel me paraît être l'avis d'Homère, père des fables, qui appelle tous les mortels infortunés et calamiteux, et donne fréquemment à Ulysse, son modèle de sagesse, l'épithète de gémissant, dont il n'use jamais pour Pâris, Ajax ou Achille. Quelle en est la raison ? C'est que le héros adroit et artificieux ne faisait rien sans le conseil de Pallas, et que sa sagesse excessive le détournait absolument de celui de la Nature.

Les vivants qui obéissent à la Sagesse sont de beaucoup les moins heureux. Par une double démence, oubliant qu'ils sont nés hommes, ils veulent s'élever à l'état des Dieux souverains et, à l'exemple des Géants, munis des armes de la science, ils déclarent la guerre à la Nature. À l'inverse, les moins malheureux sont ceux qui se rapprochent le plus de l'animalité et de la stupidité.

Essayons de le faire comprendre, non par des enthymèmes stoïciens, mais par un exemple grossier. Y a-t-il, par les Dieux immortels ! espèce plus heureuse que ces gens qu'on traite vulgairement de toqués, de timbrés ou d'innocents, de très beaux surnoms à mon avis ? L'assertion paraît d'abord insensée, absurde ; elle est pourtant d'une vérité certaine. Ces gens-là n'ont point la crainte de la mort, et, par Jupiter ! ce n'est pas peu de chose ! Leur conscience n'est point bourrelée. Les histoires de revenants ne leur causent aucune épouvante. Chez eux, nulle peur d'apparitions et de fantômes, nulle inquiétude des maux à craindre, nulle espérance exagérée des biens à venir. Rien, en somme, ne les tourmente de ces mille soucis dont la vie est faite. Ils ignorent la honte, la crainte, l'ambition, l'envie, l'amour, et même, s'ils parviennent à l'inconscience de la brute, les théologiens assurent qu'ils sont sans péché.

Repasse maintenant avec moi, sage plein d'insanité, tant de nuits et de jours où l'inquiétude crucifie ton âme ; entasse devant toi tous les ennuis de ta vie, et tâche de comprendre enfin de combien de maux j'exempte mes fous. Ajoutez que, non seulement ils passent leur temps en réjouissances, badinages, rires et chansons, mais qu'ils mènent partout où ils vont le plaisir, le jeu, l'amusement et la gaieté, comme si l'indulgence des Dieux les avait destinés à égayer la tristesse de la vie humaine. Aussi, quelles que soient les dispositions des gens envers leurs semblables, ceux-ci sont toujours reconnus pour des amis ; on les recherche, on les régale, on les caresse, on les choie, on les secourt au besoin, on leur permet de tout dire et de tout faire. Personne ne voudrait leur nuire, et les bêtes sauvages elles-mêmes évitent de leur faire du mal, les sentant d'instinct inoffensifs. Ils sont, en effet, sous la protection des Dieux, spécialement sous la mienne, et entourés à bon droit du respect universel.

XXXVI. — Les plus grands rois les goûtent si fort que plus d'un, sans eux, ne saurait se mettre à table ou faire un pas, ni se passer d'eux pendant une heure. Ils prisent leurs fous bien plus que les sages austères, qu'ils ont l'habitude d'entretenir par ostentation. Cette préférence s'explique aisément et n'étonne point, quand on voit ces sages n'apporter aux princes que tristesse. Pleins de leur savoir, ils ne craignent pas de blesser par des vérités ces oreilles délicates. Les bouffons, eux, procurent ce que les princes recherchent partout et à tout prix : l'amusement, le sourire, l'éclat de rire, le plaisir. Accordez aussi aux fous une qualité qui n'est pas à dédaigner : seuls, ils sont francs et véridiques. Et quoi de plus louable que la vérité ? Bien qu'un proverbe d'Alcibiade, chez Platon, la mette dans le vin et dans la bouche de l'enfance, c'est à moi qu'en doit revenir tout le mérite. Euripide le reconnaît par ce mot fameux : « Le fou débite des folies. » Tout ce que le fou a dans le cœur, il le montre sur son visage, l'exprime dans son discours ; les sages, au contraire, ont deux langues, que mentionne le même Euripide : l'une pour dire la vérité, l'autre pour dire ce qui est opportun. Ils savent « changer le noir en blanc », souffler de la même bouche le froid et le chaud, éviter de mettre d'accord leurs sentiments et leurs paroles.

Les princes, dans leur félicité, me paraissent fort à plaindre d'être privés d'entendre la vérité, et forcés d'écouter des flatteurs et non des amis. On me dira que les oreilles princières ont précisément horreur de la vérité et que, si elles fuient les sages, c'est par crainte d'ouïr parmi eux une voix plus sincère que complaisante. Je le reconnais, la vérité n'est pas aimée des rois. Et pourtant, mes fous réussissent cette chose étonnante de la leur faire accepter, et même de leur causer du plaisir en les injuriant ouvertement. Le même mot, qui, dans la bouche d'un sage, lui vaudra la mort, prononcé par un fou réjouira prodigieusement le maître. C'est donc que la vérité a bien quelque pouvoir de plaire, si elle ne contient rien d'offensant, mais les Dieux l'ont réservée aux fous. C'est pourquoi cette espèce d'hommes plaît tellement aux femmes, lesquelles sont par nature voluptueuses et frivoles. Quoi qu'ils tentent sur elles, même de tout à fait sérieux, elles le prennent pour jeu et plaisanterie, tant ce sexe est ingénieux, surtout à voiler ses peccadilles.

XXXVII. — Revenons à l'heureux sort des fous. Ayant passé leur vie allégrement, sans craindre ni pressentir la mort, ils émigrent tout droit vers les Champs Élyséens, et vont y divertir par leurs facéties les âmes pieuses et oisives. Comparez à présent, à cette destinée du fou, celle d'un homme sage à votre choix. Prenez un parangon de sagesse, celui qui a consumé dans l'étude des sciences son enfance et sa jeunesse, et perdu son plus bel âge en veilles, soucis, labeurs sans fin, et, le reste de sa vie, s'est privé du moindre plaisir ; il fut toujours parcimonieux, gêné, morne, assombri, sévère et dur pour soi-même, assommant et insupportable pour autrui, pâle, maigre, valétudinaire, chassieux, usé de vieillesse, chauve avant l'âge, voué à une mort prématurée. Qu'importe, au reste, qu'il meure, puisqu'il n'a jamais vécu ! Vous avez là le joli portrait du sage.

XXXVIII. — Mais j'entends coasser derechef les stoïciennes grenouilles : « La démence, disent-elles, est le pire des maux ; or, l'insigne folie touche à la démence ou plutôt se confond avec elle, puisqu'un dément est un esprit qui ne raisonne pas. » Mais les grenouilles se trompent absolument. Les Muses vont m'aider à anéantir leur syllogisme, tout spécieux qu'il soit. Socrate enseigne, dans Platon, à faire par division deux Vénus d'une seule Vénus, et de même deux Cupidons d'un seul ; nos dialecticiens devraient en faire autant et distinguer deux sortes de démence, pour se montrer eux-mêmes sensés. En effet, toute démence n'est pas nuisible par définition. Autrement Horace n'eût pas dit : « Suis-je le jouet d'un aimable délire ? » Platon n'eût pas compté la fureur poétique, celle des devins, et aussi l'exaltation des amoureux, parmi les grands bienfaits de ce monde ; la Sibylle n'eût pas qualifié d'insensée l'entreprise d'Énée. C'est donc bien qu'il y a deux espèces de démence.

Il en est une que les Furies déchaînent des Enfers, toutes les fois qu'elles lancent leurs serpents et jettent au cœur des mortels l'ardeur de la guerre, la soif inextinguible de l'or, l'amour déshonorant et coupable, le parricide, l'inceste, le sacrilège, et tout le reste, ou lorsqu'elles poursuivent de leurs torches terrifiantes les consciences criminelles. L'autre démence n'a rien de semblable ; elle émane de moi et c'est la plus souhaitable chose. Elle naît chaque fois qu'une douce illusion libère l'âme de ses pénibles soucis, et la rend aux diverses formes de la volupté. Cette illusion, Cicéron écrit à Atticus qu'il la désire comme un don suprême des Dieux, afin d'y trouver l'oubli de tous ses malheurs. Approuvons cet homme d'Argos qui fut assez fou pour passer des journées entières seul au théâtre à rire, applaudir et se gaudir, croyant voir jouer les plus belles pièces, alors qu'on ne jouait rien du tout. Dans le reste de la vie, il se conduisait à merveille : « *Ses amis, dit Horace, le trouvaient obligeant, sa femme, délicieux, ses serviteurs, indulgent, et il ne se mettait pas en fureur pour une bouteille décachetée.* » Les soins de sa famille et les remèdes le guérirent ; il revint en possession de lui-même et s'en plaignait en ces termes : « *Par Pollux ! vous m'avez tué, ô mes amis ! Vous ne m'avez nullement sauvé, en m'arrachant ma joie, en me forçant à quitter la charmante illusion de mon esprit.* » Il disait bien, et plus que lui auraient eu besoin d'ellébore les gens qui avaient réussi à droguer, comme une maladie, cette folie si heureuse et si bienfaisante.

Je n'appelle pas démence, notez-le bien, toute aberration des sens ou de l'esprit. Un qui a la berlue prend un âne pour un mulet, comme un autre s'extasie sur un mauvais poème ; on n'est pas fou pour cela. Mais si, outre les sens, le jugement s'y trompe, et surtout avec excès et continuité, on peut reconnaître la démence ; c'est le cas de l'homme qui, chaque fois que l'âne brait, jouit d'une symphonie, ou du pauvre diable, d'infime condition, qui se figure être Crésus, roi de Lydie. Assez souvent, cette espèce de folie est agréable, tant à ceux qui l'éprouvent qu'à ceux qui en sont témoins et sont fous d'une autre façon. Elle est beaucoup plus fréquente qu'on ne le croit dans le public. À tour de rôle, le fou se moque du fou, et ils s'amusent l'un de l'autre. L'on voit même assez souvent que c'est le plus fou des deux qui rit le plus fort.

XXXIX. — Mon avis, à moi, Folie, est que plus on est fou, plus on est heureux, pourvu qu'on s'en tienne au genre de folie qui est mon domaine, domaine bien vaste à la vérité, puisqu'il n'y a sans doute pas, dans l'espèce humaine, un seul individu sage à toute heure et dépourvu de toute espèce de folie. Il n'existe ici qu'une différence : l'homme qui prend une citrouille pour une femme est traité de fou, parce qu'une telle erreur est commise par peu de gens ; mais celui dont la femme a de nombreux amants et qui, plein d'orgueil, croit et déclare qu'elle surpasse la fidélité de Pénélope, celui-là personne ne l'appellera fou, parce que cet état d'esprit est commun à beaucoup de maris.

Rangeons parmi ces illusionnés les chasseurs forcenés, dont l'âme n'est vraiment heureuse qu'aux sons affreux du cor et dans l'aboiement des chiens. Je gage que l'excrément des chiens pour eux sent la cannelle. Et quelle ivresse à dépecer la bête ! Dépecer taureaux et béliers, c'est affaire au manant ; au gentilhomme de tailler dans la bête fauve. Le voici, tête nue, à genoux, avec le coutelas spécial qu'aucun autre ne peut remplacer ; il fait certains gestes, dans un certain ordre, pour découper certains membres suivant le rite. Autour de lui, la foule, bouche bée, admire toujours comme un spectacle nouveau ce qu'elle a vu déjà plus de mille fois, et l'heureux mortel admis à goûter de l'animal n'en tire pas mince honneur. À force de poursuivre les bêtes fauves et de s'en nourrir, les chasseurs finissent par leur ressembler ; ils n'en croient pas moins mener la vie des rois.

Fort semblables sont les gens qui ont la manie de la pierre, qui changent un jour les bâtiments ronds en bâtiments carrés, un autre jour, les carrés en ronds. Aucune mesure, aucun terme à ces travaux, qui finissent par les ruiner complètement. Ils n'ont plus le moyen de se loger ni de se nourrir. Qu'importe ! ils ont passé quelques années parfaitement heureux.

Je vois auprès d'eux ceux qui, par des pratiques nouvelles et mystérieuses, travaillent à changer la nature des éléments et en recherchent un cinquième, la quintessence, à travers la terre et les mers. Se nourrissant d'un doux espoir, ils n'épargnent jamais l'effort ni la dépense. Ils ont toujours à l'esprit quelque imagination merveilleuse qui les égare, et l'illusion leur en est si chère qu'ils y perdent tout leur bien et n'ont plus de quoi construire un dernier fourneau. Loin d'abandonner pour cela leurs rêveries enchantées, ils poussent les autres de leur mieux vers une félicité pareille. Lorsque enfin la dernière espérance les quitte, il leur suffit, pour être consolés, de cette belle parole : « Dans les grandes choses, c'est assez d'avoir voulu. » Ils s'en prennent alors à la brièveté de leur vie, qui n'a pas permis d'accomplir leur vaste dessein.

Les joueurs doivent-ils être admis dans notre collège ? j'en doute un peu. Il n'y a pourtant pas de spectacle prêtant à rire comme ces gens assemblés, dont le cœur bondit et palpite au bruit des dés qui tombent. L'espoir de gagner ne les abandonne jamais ; mais, lorsque la nef qui portait leur fortune s'est brisée contre l'écueil du jeu, beaucoup plus redoutable que le cap Malée, lorsque les naufragés sortent des flots à grand-peine et tout nus, ils frauderaient tout le monde plutôt que leur gagnant, craignant avant tout de passer pour peu délicats. N'y a-t-il pas des vieillards presque aveugles qui, pour jouer encore, s'affublent de besicles ? Et lorsque enfin la goutte justicière leur a tordu les articulations, ne se payent-ils pas des remplaçants pour jeter leurs dés sur la table ? Ce serait charmant, si le plus souvent le jeu ne s'achevait par des rages, ce qui est du ressort des Furies, non du mien.

XL. — Je reconnais authentiquement de notre farine ceux qui se plaisent à écouter ou à conter de mensongères et monstrueuses histoires de miracles. Ils ne se lassent point d'entendre ces fables énormes sur les fantômes, lémures et revenants, sur les esprits de l'Enfer et mille prodiges de ce genre. Plus le fait est invraisemblable, plus ils s'empressent d'y croire et s'en chatouillent agréablement les oreilles. Ces récits, d'ailleurs, ne servent pas seulement à charmer l'ennui des heures ; ils produisent quelque profit, et tout au bénéfice des prêtres et des prédicateurs.

Bien voisins sont les gens qui, par une folle mais douce persuasion, se figurent que la rencontre d'une statue ou d'une peinture de ce Polyphème de saint Christophe les assure de ne point mourir dans la journée, ceux qui adressent à sainte Barbe sculptée les paroles prescrites qui font revenir sain et sauf de la bataille, ceux qui s'adressent à saint Érasme à certains jours, avec certains petits cierges et certaines petites prières, convaincus qu'ils feront fortune promptement. De même qu'il y a pour eux un second Hippolyte, ils ont trouvé en saint Georges un autre Hercule. Ils en sont presque à adorer son cheval très dévotement caparaçonné et adorné ; de petits présents gagnent ses faveurs et jurer par son casque d'airain est un vrai serment de roi.

Que dirai-je de celui qui se flatte délicieusement d'obtenir pour ses crimes des pardons imaginaires, mesure comme à la clepsydre la durée du Purgatoire, et s'en fait une table mathématique infaillible de siècles, années, mois, jours et heures ? ou de qui se nourrit de formules magiques et d'oraisons inventées par un pieux imposteur, vaniteux ou avide, et qui s'en promet tout, richesses, honneurs, plaisirs, abondance, santé toujours solide, verte vieillesse et, pour finir, un siège au Paradis, auprès du Christ ! Encore ne veulent-ils s'y asseoir que le plus tard possible, quand les voluptés de cette vie, auxquelles ils se cramponnent, les abandonneront malgré eux et qu'ils devront se contenter de celles du Ciel. Voyez donc ce marchand, ce soldat, ce juge, qui, sur tant de rapines, prélèvent un peu de monnaie et s'imaginent, en l'offrant, purifier d'un seul coup le marais de Lerne qu'est leur vie, racheter par un simple pacte tant de parjures, de débauches, d'ivrogneries, de rixes, de meurtres, d'impostures, de perfidies et de trahisons, rachat si parfait, croient-ils, qu'ils pourront librement recommencer ensuite la série de leurs scélératesses.

Quoi de plus fou, que dis-je ? quoi de plus heureux que ces autres qui récitent quotidiennement sept petits versets du saint Psautier et s'en promettent la félicité des élus ! Or, ces petits versets magiques, un certain diable, par facétie, les aurait indiqués à saint Bernard, étant au reste plus étourdi que malin, puisqu'il fut pris à son propre piège. Et de pareilles folies, dont j'ai moi-même presque honte, ce n'est pas seulement le vulgaire qui les approuve, ce sont aussi des professeurs de religion.

Inspiré du même esprit, chaque pays réclame pour son usage un saint particulier. Il lui confère des attributions propres, établit ses rites distincts. Il en faut un pour guérir le mal de dents, un autre pour délivrer les femmes en couches ; il y a celui qui retrouve les objets volés, celui qui apparaît au naufragé et le sauve, celui qui protège les troupeaux, et ainsi des autres, car l'énumération n'en finirait pas. Certains cumulent les pouvoirs, particulièrement la Vierge mère de Dieu, à qui le commun des hommes en attribue presque plus qu'à son Fils.

XLI. — Mais que sollicite-t-on de ces saints, sinon ce qui concerne la Folie ? Lisez tous les ex-voto qui, dans certains temples, couvrent les murs jusqu'à la voûte ; personne n'a jamais demandé la guérison de la folie ou d'acquérir un poil de sagesse. Celui-ci s'est sauvé à la nage, celui-là a survécu aux blessures du combat ; celui qui a fui pendant la bataille, laissant les autres l'achever, dit sa chance et son courage ; celui qui a tâté de la potence, fait honneur de sa délivrance à quelque saint propice aux voleurs, et pourra recommencer à soulager le prochain encombré de sa richesse. Il y a l'homme qui a brisé les portes de sa prison, celui qui a guéri de sa fièvre, à la grande irritation du médecin, celui qui, ayant avalé le poison, l'a rendu par le bas et s'en est purgé sans en mourir, ce qui fait que sa femme a perdu sa peine et son argent. Il y a celui dont la voiture a versé et qui a ramené chez lui ses chevaux sains et saufs, celui qui a été retiré vivant des décombres, celui qui, pincé par le mari, s'est échappé. Pas un ne rend grâces d'être délivré d'une folie. Il est donc bien doux d'être sans raison, puisque les mortels prient pour être sauvés de tout, excepté de moi.

Mais pourquoi m'embarquer sur cette mer de superstitions ? « Eussé-je cent langues, cent bouches et une voix d'airain, je ne pourrais dénombrer toutes les sortes de fous, ni tous les noms de la Folie. » C'est que la vie ordinaire des chrétiens regorge de ces extravagances, que les prêtres volontiers admettent et entretiennent, sans ignorer quel profit leur en revient. Dans ces milieux, un sage importun peut se lever et dire les choses telles qu'elles sont : « Tu ne feras pas mauvaise fin, si tu as bien vécu. Pour racheter tes péchés, joins à ta pièce de monnaie la haine de tes fautes, avec larmes, veilles, prières et jeûnes, et change complètement de conduite. Le saint que tu pries te protégera, si ta vie ressemble à la sienne. » Si le sage répète ces vérités et d'autres semblables, voyez comme il arrache les âmes à leur bonheur et dans quel trouble il les jette !

Comptons dans la confrérie ceux qui, de leur vivant, prévoient si minutieusement leurs obsèques, qu'ils en viennent à régler le nombre des cierges, des manteaux noirs, des chanteurs et des figurants du deuil, comme s'il devait venir jusqu'à eux quelque chose de ce spectacle, comme si moins de magnificence dans un enterrement pouvait humilier les morts. C'est l'état d'esprit des édiles qu'on vient d'élire et qui se préoccupent de donner des jeux et des festins.

XLII. — Je me hâte, et pourtant comment passer sous silence ces gens que rien ne distingue d'un manœuvre infime, et dont l'orgueil se caresse d'un vain titre nobiliaire ! L'un veut remonter à Énée, l'autre à Brutus, un troisième à Arcture. Partout chez eux des portraits d'ancêtres sculptés et peints. Ils énumèrent des bisaïeux et trisaïeux, rappellent les antiques surnoms, ne ressemblant que trop eux-mêmes à la statue sans parole et n'étant guère plus que les images qu'ils étalent. Néanmoins, grâce à notre aimable Philautie, ils vivent parfaitement heureux ; et il ne manque pas de fous pareils pour regarder ces brutes comme des dieux.

Mais pourquoi citer tel ou tel exemple, alors qu'en tous lieux Philautie (l'Amour-Propre) répand merveilleusement le bonheur ? Celui-ci, plus laid qu'un singe, se voit beau comme Nirée ; celui-là se juge un Euclide pour trois lignes qu'il trace au compas ; cet autre croit chanter comme Hermogène, alors qu'il est l'âne devant la lyre et que sa voix sonne aussi faux que celle du coq mordant sa poule.

Encore un fort agréable genre de folie, celui des gens qui tirent honneur du mérite de leurs domestiques et se l'attribuent. Ainsi fut archi-heureux un richard dont parle Sénèque. Contait-il une historiette, il avait sous la main des serviteurs qui lui soufflaient les mots, et, tout fragile qu'il fût, il eût accepté fort bien un défi au pugilat, assuré d'avoir chez lui quantité d'esclaves robustes.

Pour les artistes de profession, qu'est-il besoin d'en parler ? Chacun d'eux a sa Philautie particulière et céderait plutôt son champ paternel que son talent. C'est surtout le cas du Comédien, du Chanteur, de l'Orateur et du Poète. Moins il a de valeur, plus il a de prétention et d'impertinence, plus il se rengorge et plastronne. Et tous trouvent à placer leur marchandise, car c'est toujours ce qu'il y a de plus inepte qui rencontre le plus d'admirateurs. Le pire plaît nécessairement au plus grand nombre, la majorité des hommes étant asservie à la Folie. Puisque, aussi bien, le plus inhabile est aussi le plus satisfait de lui-même et le plus admiré, à quoi bon s'attacher au vrai savoir, qui est pénible à acquérir, rend ennuyeux et timide et n'est apprécié, en somme, que de si peu de gens ?

XLIII. — Si la nature fait naître chaque homme avec cette Philautie, qui est Amour de soi, elle en a muni également chaque nation et chaque cité. D'où suit que les Anglais revendiquent, entre autres dons, la beauté, physique, le talent musical et celui des bons repas ; les Écossais se vantent d'une noblesse, d'un titre de parenté royale, de l'habileté dans la controverse ; les Français prennent pour eux l'urbanité ; les Parisiens s'arrogent presque le monopole de la science théologique ; les Italiens, celui des bonnes lettres et de l'éloquence, et ils en tirent comme peuple l'orgueil d'être le seul qui ne soit pas barbare. Dans ce genre de félicité, les Romains l'emportent et s'enchantent encore du rêve de l'antique Rome. Le bonheur des Vénitiens est dans le cas qu'ils font de leur noblesse. Les Grecs, qui se regardent comme les créateurs des arts, s'attribuent les titres de gloire des héros de l'antiquité. Les Turcs, ce ramassis de barbares, prétendent à la meilleure religion et raillent les Chrétiens, qu'ils traitent de superstitieux. Plus amusants encore sont les Juifs, qui attendent avec constance leur Messie et, aujourd'hui encore, tiennent à leur Moïse mordicus. Les Espagnols ne cèdent à personne l'honneur des armes. Les Allemands sont fiers de leur haute taille et de leurs connaissances en magie.

XLIV. — N'allons pas plus loin ; vous voyez, je pense, combien Philautie procure de satisfactions à tous et à chacun.

Elle a pour sœur Flatterie, qui lui ressemble fort, car Philautie se caresse soi-même et Flatterie caresse les autres. Cependant celle-ci est décriée de nos jours, du moins par les gens que troublent les mots et non les réalités. Ils estiment que la sincérité est incompatible avec la flatterie, alors que tant d'exemples, dont celui des animaux, leur démontreraient le contraire. Qu'y a-t-il de plus flatteur que le chien et aussi de plus fidèle ? de plus caressant que l'écureuil et en même temps de plus ami de l'homme ? Voudriez-vous admettre que les lions farouches, les tigres féroces ou les irritables léopards soient plus favorables à la vie humaine ? Il y a bien une flatterie, assurément pernicieuse, qu'utilisent parfois la méchanceté et la moquerie pour perdre les malheureux. Mais celle qui vient de moi naît de la bonté et de la candeur ; elle se trouve beaucoup plus voisine de la vertu que la rudesse, son contraire, et que cette humeur qu'Horace dit morose et sauvage. Elle relève les âmes abattues, adoucit les tristesses, stimule les nonchalants, anime les engourdis, soulage les malades, amollit les cœurs furieux, rapproche les amoureux et les tient unis. Elle encourage l'enfant à aimer l'étude, déride le vieillard, insinue aux princes, sans les blesser, des conseils et des leçons enveloppés dans une louange. En somme, elle rend chacun plus agréable et plus cher à soi-même, ce qui est l'essence du bonheur. Voit-on plus obligeant que deux mulets qui s'entre-grattent.

La flatterie fait partie de cette Éloquence tant célébrée, et davantage encore de la Médecine, et au plus haut point de la Poésie. Elle est le miel et le condiment de toutes les relations entre les hommes.

XLV. — Mais, dira-t-on, c'est un malheur d'être trompé ! Bien plus grand malheur de ne pas l'être. L'erreur est énorme de faire résider le bonheur dans les réalités : il dépend de l'opinion qu'on a d'elles. Il y a tant d'obscurité, tant de diversité dans les choses humaines, qu'il est impossible d'en rien élucider, comme l'ont justement dit mes Académiciens, « les moins orgueilleux des philosophes » ; ou bien, si quelqu'un arrive à la connaissance, c'est bien souvent aux dépens de son bonheur.

L'esprit de l'homme est ainsi fait qu'on le prend beaucoup mieux par le mensonge que par la vérité. Faites-en l'expérience ; allez à l'église quand on y prêche. S'il est question de choses sérieuses, l'auditoire dort, bâille, s'embête. Que le crieur (pardon, je voulais dire l'orateur), comme cela est fréquent, entame un conte de bonne femme, tout le monde se réveille et se tient bouche bée. De même, s'il y a quelque saint un peu fabuleux et poétique, à la façon de saint Georges, de saint Christophe ou de sainte Barbe, vous verrez venir à lui beaucoup plus de dévots qu'à saint Pierre, à saint Paul ou même au Christ. Mais ces choses-là n'ont rien à faire ici.

Qu'un tel bonheur coûte peu ! Les moindres connaissances, comme la grammaire, s'acquièrent à grand-peine, tandis que l'opinion se forme très aisément ; et elle contribue tout autant au bonheur et même bien davantage. Tel homme se nourrit de salaisons pourries, dont un autre ne pourrait supporter l'odeur ; puisqu'il y goûte une saveur d'ambroisie, qu'est-ce que cela fait à son plaisir ? Par contre, celui à qui l'esturgeon donne des nausées n'y peut trouver aucun agrément. Une femme est laide à faire peur, mais son mari l'égale à Vénus ; c'est tout comme si elle était parfaitement belle. Le possesseur d'un méchant tableau, barbouillé de cinabre et de safran, le contemple et l'admire, convaincu qu'il est d'Apelle ou de Zeuxis ; n'est-il pas plus heureux que celui qui aura payé très cher une peinture de ces artistes et la regardera peut-être avec moins de plaisir ? J'ai connu quelqu'un de mon nom qui fit présent à sa jeune femme de fausses pierreries et lui persuada, étant beau parleur, qu'elles étaient non seulement vraies et naturelles, mais rares et d'un prix inestimable. Voyons, qu'est-ce que cela faisait à la jeune dame ? Elle ne repaissait pas moins joyeusement ses yeux et son esprit de cette verroterie ; elle n'en serrait pas moins précieusement ces riens comme un trésor. Le mari cependant évitait la dépense et profitait de l'illusion de sa femme, aussi reconnaissante que si elle avait reçu un cadeau princier.

Trouvez-vous une différence entre ceux qui, dans la caverne de Platon, regardent les ombres et les images des objets, ne désirant rien de plus et s'y plaisant à merveille, et le sage qui est sorti de la caverne et qui voit les choses comme elles sont ? Si le Mycille de Lucien avait pu continuer à jamais le rêve doré où il était riche, il n'aurait pas eu d'autre félicité à souhaiter. Il n'y a donc pas de différence ou, s'il en est une, c'est la condition des fous qu'il faut préférer. Leur bonheur coûte peu, puisqu'il suffit d'un grain de persuasion ; ensuite, beaucoup en jouissent ensemble.

XLVI. — Or nous savons qu'aucun bien n'agrée s'il n'est partagé. Mais les sages sont en bien petit nombre, si même il y en a : la Grèce, depuis tant de siècles, en compte sept en tout, et encore je parie gros qu'en examinant bien, on ne trouverait pas chez eux la moitié ou même le tiers d'un homme sage.

Parmi tant de bienfaits dont on loue Bacchus, le premier est de chasser les soucis, il est vrai pour bien peu de temps, car ils reviennent au galop, comme on dit, dès qu'on a cuvé sa piquette. Les avantages que je procure sont bien plus complets, bien plus définitifs. En quelle ivresse perpétuelle je plonge l'âme ! Comme je la remplis de joies, de délices et de transports, sans lui demander le moindre effort ! Et je n'écarte personne de mes faveurs, tandis que les autres divinités choisissent leurs privilégiés. Tout pays ne produit point ce vin généreux et doux qui, pour chasser les soucis, se verse avec la riche espérance. » Peu d'êtres reçoivent la beauté, présent de Vénus, moins encore l'éloquence, don de Mercure, Hercule n'accorde pas la richesse à beaucoup de monde, ni Jupiter homérique le sceptre au premier venu. Mavors reste souvent neutre dans les combats. Nombreux sont ceux qui s'éloignent déçus du trépied d'Apollon. Le fils de Saturne lance fréquemment sa foudre, et Phébus quelquefois, de ses traits, envoie la peste. Neptune noie plus de monde qu'il n'en sauve. Véjoves, Plutons, Atés, Châtiments, Fièvres, n'en parlons pas ; ce ne sont pas des êtres divins, mais des bourreaux.

Il n'y a que moi, la Folie, pour partager indistinctement entre les hommes une bienfaisance toujours prête.

XLVII. — Je n'attends point de vœux ; je ne me mets pas en colère ; je ne réclame pas d'offrande expiatoire pour un détail omis dans un rite. Je ne remue point ciel et terre, si l'on a convié les autres Dieux en me laissant à la maison ou si l'on ne m'a pas admise à flairer l'odeur des victimes. Sur ce point, les divinités sont tellement exigeantes qu'on a plus d'avantage et de sécurité à les négliger qu'à les servir ; il y a comme cela des hommes de caractère si fâcheux et si faciles à irriter, qu'il vaudrait mieux les ignorer complètement que de les avoir pour amis.

Mais personne, dit-on, n'offre de sacrifice à la Folie, ni ne lui élève de temple. C'est exact, et cette ingratitude, je vous l'ai dit, m'étonne assez ; mais je suis indulgente et je prends la chose du bon côté. Je ne tiens même pas à tout cela. Que me ferait un peu d'encens ou de farine sacrée, un bouc, une truie, alors que partout où sont des hommes, j'obtiens un culte que même les théologiens tiennent pour excellent ? Faudrait-il, par hasard, jalouser Diane parce qu'on l'honore avec du sang humain ? Je me trouve, moi, parfaitement servie par chacun et en tout lieu, lorsque les cœurs me possèdent, lorsque les mœurs me reflètent et lorsque la vie est à mon image.

Cette façon de pratiquer un culte n'est pas fréquente parmi les chrétiens. La plupart présentent à la Vierge, mère de Dieu, un petit cierge, en plein jour, qui ne lui sert de rien. Mais qu'il y en a peu à s'efforcer d'imiter ses vertus, la chasteté, la modestie, l'amour des choses divines ! C'est pourtant là le culte véritable, de beaucoup le plus agréable aux habitants du Ciel. Pourquoi, au surplus, désirerais-je un temple, disposant du plus beau de tous, puisque j'ai l'univers ? Partout où il y a des hommes, j'ai des fidèles. Je ne suis pas assez sotte pour demander des figurations sculptées ou peintes, tout à fait inutiles à mon culte. De niais et grossiers dévots adorent, à la place des Dieux, leurs images ; il arrive pareillement à un mortel d'être supplanté par son représentant. Pour moi, je compte autant de statues qu'il y a d'hommes, puisque, même involontairement, ils sont ma vivante image. Les autres Dieux ne peuvent donc point m'inspirer d'envie, pour posséder chacun sur la terre sa chapelle et ses jours de dévotion ; tels sont à Rhodes, Phébus ; à Chypre, Vénus ; à Argos, Junon ; à Athènes, Minerve ; sur le mont Olympe, Jupiter ; à Tarente, Neptune ; à Lampsaque, Priape. À moi, c'est dans tout l'univers que des victimes bien plus précieuses sont offertes continuellement.

XLVIII. — Si je vous parais m'exprimer avec plus de présomption que d'exactitude, examinons ensemble l'existence des hommes ; leurs dettes envers moi apparaîtront clairement, comme l'estime que me témoignent les grands et les petits. Ne recensons pas chaque condition de la vie, ce serait trop long ; par les plus insignes, nous jugerons bien des autres. Pourquoi parler du vulgaire et de la plèbe qui, sans contestation, m'appartiennent tout entiers ? Tant de formes de la folie y abondent et chaque journée en fait naître tant de nouvelles, que mille Démocrite ne suffiraient pas à s'en moquer, et il y aurait toujours à faire appel à un Démocrite de plus. On ne pourrait croire combien d'amusements et de joyeusetés quotidiennes les Dieux tirent des pauvres hommes. Ils passent les heures sobres du matin à accueillir les contestations et à attendre des vœux. Bientôt, gorgés de nectar et incapables de toute occupation sérieuse, ils gagnent la partie la plus élevée du Ciel, d'où ils se penchent, pour regarder les actions humaines. Il n'est pas, pour eux, spectacle plus divertissant. Par Dieu ! quel théâtre est-ce là ! Quelle agitation et quelles variétés de fous !

J'aime moi-même aller les voir, assise parmi les Dieux de la poésie. L'un se meurt pour une petite femme et, moins il est aimé, plus il se passionne ; l'autre épouse non une femme, mais une dot. L'un prostitue sa femme ; l'autre la surveille, jaloux comme Argus. Ah ! que de folies se font ou se disent pour un deuil, où ce sont des comédiens payés qui représentent la douleur ! Et voici quelqu'un qui pleure au tombeau de sa belle-mère ! Un homme fera passer dans son ventre tout son gain, au risque d'être affamé bientôt ; un autre mettra son bonheur à dormir et à ne rien faire. Des gens s'agitent sans relâche pour les affaires du voisin, et des leurs n'ont cure. Certains vivent d'emprunts, se croient riches avec l'argent d'autrui, et sont à deux pas de la déconfiture. Tout le bonheur de celui-ci est de vivre pauvre pour enrichir un héritier. Celui-là, pour un profit maigre et douteux, court à travers les mers, exposant au danger des flots et des vents une existence qu'aucun argent ne saurait lui rendre. Cet autre préfère chercher fortune à la guerre que se reposer en sécurité dans sa maison. Il en est qui courtisent les vieillards sans enfants, pensant ainsi s'enrichir plus commodément ; d'autres, bien entendu, font le même manège auprès des vieilles femmes fortunées. Tout cela prépare aux Dieux un spectacle bien amusant pour le jour où les dupeurs sont dupés.

Une race très folle et très sordide est celle des Marchands, puisqu'ils exercent un métier fort bas et par des moyens fort déshonnêtes. Ils mentent à qui mieux mieux, se parjurent, volent, fraudent, trompent et n'en prétendent pas moins à la considération, grâce aux anneaux d'or qui encerclent leurs doigts. Ils ont, au reste, l'admiration des moinillons adulateurs, qui les appellent en public « vénérables », probablement pour s'assurer leur part dans l'argent mal acquis. Ailleurs, vous voyez certains Pythagoriciens si persuadés de la communauté des biens que, tout ce qui sans surveillance passe à leur portée, ils s'en emparent tranquillement comme d'un héritage. Il en est qui ne sont riches que de leurs souhaits ; les rêves agréables qu'ils font suffisent à les rendre heureux. Quelques-uns, satisfaits de paraître fortunés hors de chez eux, à la maison meurent consciencieusement de faim. Tout ce qu'il possède, celui-ci se hâte de le dissiper, et celui-là thésaurise sans scrupule. Celui ci se fatigue à briguer les honneurs populaires, cet autre s'acoquine au coin de son feu. Bon nombre intentent des procès sans fin et leur opiniâtreté batailleuse n'avantage que la lenteur des juges et la collusion de l'avocat. L'un se passionne pour la nouveauté d'un projet, l'autre seulement pour sa grandeur. Et en voici un qui, pour aller à Jérusalem, à Rome, ou bien chez saint Jacques, où rien ne l'appelle, plante là sa maison, sa femme et ses enfants.

En somme, si vous pouviez regarder de la Lune, comme autrefois Ménippe, les agitations innombrables de la Terre, vous penseriez voir une foule de mouches ou de moucherons, qui se battent entre eux, luttent, se tendent des pièges, se volent, jouent, gambadent, naissent, tombent et meurent ; et l'on ne peut croire quels troubles, quelles tragédies, produit un si minime animalcule destiné à sitôt périr. Fréquemment, par une courte guerre ou l'attaque d'une épidémie, il en disparaît à la fois bien des milliers !

XLIX. — Mais ne serais-je pas moi-même la plus folle créature et digne des moqueries répétées de Démocrite, si je continuais à énumérer les folies et les insanités populaires ? J'arrive à ceux qui se donnent, parmi les mortels, l'extérieur de la sagesse et convoitent, comme ils disent, le rameau d'or.

Au premier rang sont les Grammairiens, race d'hommes qui serait la plus calamiteuse, la plus affligée, et la plus accablée par les Dieux, si je ne venais atténuer les disgrâces de leur malheureuse profession par une sorte de douce folie. Ils ne sont pas seulement cinq fois maudits, c'est-à-dire exposés à cinq graves périls, comme dit une épigramme grecque ; c'est mille malédictions qui pèsent sur eux. On les voit toujours faméliques et sordides dans leur école ; je dis leur école, je devrais dire leur séjour de tristesse, ou mieux encore leur galère ou leur chambre de tortures. Parmi leur troupeau d'écoliers, ils vieillissent dans le surmenage, assourdis de cris, empoisonnés de puanteur et de malpropreté, et cependant je leur procure l'illusion de se croire les premiers des hommes. Ah ! qu'ils sont contents d'eux lorsqu'ils terrifient du regard et de la voix une classe tremblante, lorsqu'ils meurtrissent les malheureux enfants avec la férule, les verges et le fouet, lorsque, pareils à cet âne de Cumes, ils s'abandonnent à toutes les formes de la colère ! Cependant, la saleté où ils vivent leur semble être du meilleur goût et leur puanteur exhaler la marjolaine. Leur malheureuse servitude leur apparaît comme une royauté et ils n'échangeraient pas leur tyrannie contre le sceptre de Phalaris ou de Denys.

Mais leur plus grande félicité vient du continuel orgueil de leur savoir. Eux qui bourrent le cerveau des enfants de pures extravagances, comme ils se croient supérieurs, Bons Dieux ! à Palémon et à Donat ! Et je ne sais par quel sortilège ils se font accepter comme ils se jugent par les folles mamans et les pères idiots. Ils prennent aussi d'extrêmes plaisirs à découvrir sur des parchemins pourris, soit le nom de la mère d'Anchise, soit quelque expression inusitée comme *busequa, bovinator, manticulator,* ou encore à déterrer un fragment d'inscription sur un morceau de vieille pierre. Ô Jupiter ! quelle exaltation ! quel triomphe ! quels éloges ! Auraient-ils vaincu l'Afrique ou pris Babylone ? Leurs versiculets les plus froids et les plus sots, ils les colportent, leur trouvent des admirateurs et se persuadent que l'âme de Virgile a passé en eux. Rien ne les enchante davantage que de distribuer entre eux les admirations et les louanges, et d'échanger des congratulations. Mais, que l'un d'eux laisse échapper un lapsus et que, par hasard, un plus avisé s'en aperçoive, par Hercule ! quelle tragédie ! quelle levée de boucliers ! quelles injures et quelles invectives ! Que j'aie contre moi tous les grammairiens, si j'exagère !

J'ai connu un savant aux connaissances très variées, tout à fait un maître en grec, latin, mathématiques, philosophie et médecine, et presque sexagénaire, qui a tout quitté depuis plus de vingt ans pour se torturer à étudier la grammaire. Il se dirait heureux, s'il pouvait vivre assez pour définir à fond les huit parties du discours, ce que personne jusqu'ici, chez les Grecs ni chez les Latins, n'a pu faire à la perfection. Comme si c'était motif de guerre d'enlever une conjonction au domaine des adverbes ! On sait qu'il y a autant de grammaires que de grammairiens, et même davantage, puisque mon ami Alde, à lui seul, en a imprimé plus de cinq. Il n'en est pas de si barbare et de si pénible que notre homme consente à négliger ; il les feuillette et les manie sans cesse ; il épie les moindres sots qui débitent quelques niaiseries sur la matière, craignant toujours d'être volé de sa gloire et de perdre son travail de tant d'années. Appelez cela, à votre choix, insanité ou folie, ce m'est indifférent, pourvu que vous m'accordiez que c'est par mes bienfaits que l'animal, de beaucoup le plus malheureux de tous, s'élève à une telle félicité qu'il refuserait de troquer son sort contre celui du roi de Perse.

L. — Les Poètes me doivent moins, quoiqu'ils soient naturellement de mon ressort. Ils forment une race indépendante, comme dit le proverbe, appliquée constamment à séduire l'oreille des fous par des choses de rien et des fables purement ridicules. Il est surprenant qu'avec un tel bagage ils se promettent l'immortalité, une vie égale à celle des Dieux, et qu'ils se croient capables de l'assurer à autrui. Cette catégorie, qui est avant tout au service de l'Amour-Propre et de la Flatterie, est dans tout le genre humain celle qui m'honore avec le plus de sincérité et de constance.

Les Rhéteurs aussi relèvent de moi, quoiqu'il leur arrive quelquefois de m'être infidèles et de lier partie avec les philosophes. Entre autres sottises, je leur reproche d'avoir écrit tant de fois, et avec tant de sérieux, sur l'art de plaisanter. L'auteur, quel qu'il soit, du traité *De la Rhétorique à Herennius* compte la Folie parmi les facéties, et Quintilien, qui est prince dans leur ordre, a un chapitre sur le rire qui est plus long que *l'Iliade* ! La Folie a pour tous tant de prix que très souvent, pour suprême argument, il leur arrive de soulever une risée. C'est donc à moi qu'ils ont recours, puisque c'est mon rôle de faire éclater de rire.

De même farine sont les Écrivains, aspirant à une renommée immortelle par la publication de leurs livres. Tous me doivent énormément, ceux surtout qui griffonnent sur le papier de pures balivernes. Quant à ceux qui soumettent leur érudition au jugement d'un petit nombre de savants et qui ne récusent ni Persius ni Lélius, ils me semblent beaucoup plus misérables qu'heureux, vu la torture sans fin qu'ils s'imposent. Ils ajoutent, changent, suppriment, abandonnent, reprennent, reforgent, consultent sur leur travail, le gardent neuf ans, ne se satisfont jamais ; et la gloire, futile récompense que peu reçoivent, ils la payent singulièrement aux dépens du sommeil, ce bien suprême, et par tant de sacrifices, de sueurs et de tracas. Ajoutons la perte de la santé et de la beauté, l'ophtalmie et même la cécité, la pauvreté, les envieux, la privation de tout plaisir, la précoce vieillesse, la mort prématurée et beaucoup d'autres misères. Par cette continuité de sacrifices, notre savant ne croit pas acheter trop cher l'approbation que lui marchande tel ou tel cacochyme.

Et voici que mon écrivain, à moi, jouit d'un heureux délire, et sans fatigue laisse couler de sa plume tout ce qui lui passe par la tête, transcrit à mesure ses rêves, n'y dépensant que son papier, sachant d'ailleurs que plus seront futiles ses futilités, plus il récoltera d'applaudissements, ceux de l'unanimité des fous et des ignorants. Que lui importent ces trois docteurs qui pourraient les lire et qui en feraient fi ? que pèserait l'opinion d'un si petit nombre devant la multitude des contradicteurs ?

Mieux avisés encore ceux qui savent s'attribuer des ouvrages d'autrui. La gloire qui reviendrait à un autre pour son grand travail, ils se l'adjugent, certains que l'accusation de plagiat ne les empêchera pas d'en avoir eu pour un temps le bénéfice. Voyez-les plastronner sous les éloges et montrés du doigt par la foule : « Le voilà, cet homme fameux ! » Les libraires les exposent en belle place ; au titre de leurs ouvrages, se lisent trois noms le plus souvent étrangers et cabalistiques. Que signifient donc ces mots, Dieux immortels ! et qu'il y a peu de gens dans le vaste univers à pouvoir en comprendre le sens, moins encore à les approuver, puisque même les ignorants ont leurs préférences ! Ces mots, en réalité, sont d'ordinaire forgés ou tirés des livres des anciens. Il plaît à l'un de se nommer Télémaque, à un autre Stélénus ou Laërte, ou encore Polycrate ou Thrasimaque ; ils pourraient aussi bien donner à leurs livres le titre de *Caméléon* ou de *Citrouille*, ou y inscrire comme les philosophes *Alpha* ou *Bêta*.

Le fin du fin est de s'accabler d'éloges réciproques en épîtres et pièces de vers. C'est la glorification du fou par le fou, de l'ignorant par l'ignorant. Le suffrage de l'un proclame l'autre Alcée et celui-ci le salue Callimaque. Celui qui vous dit supérieur à Cicéron, vous le déclarez plus savant que Platon. On se cherche parfois un adversaire pour grandir sa réputation par une bataille. « Deux partis contraires se forment dans le public » ; les deux chefs combattent à merveille, sont tous deux vainqueurs et célèbrent leur victoire. Les sages se moquent à bon droit de cette extrême folie. Je ne la nie point ; mais, en attendant, j'ai fait des heureux qui ne changeraient pas leur triomphe pour ceux des Scipion.

Mais ces Savants aussi, qui prennent tant de plaisir à rire de ces énormités et à jouir de la folie des autres, ne sont pas moins mes débiteurs et ne pourraient le contester sans être les plus ingrats des hommes.

LI. — Parmi eux, les Jurisconsultes réclament le premier rang, personne n'étant plus vaniteux. Ils roulent assidûment le rocher de Sisyphe, en amoncelant des textes de lois sur un sujet auquel elles n'ont que faire. Accumulant glose sur glose, opinion sur opinion, ils donnent l'impression que leur science est la plus difficile. Ils se figurent, en effet, que tout ce qui coûte de la peine est méritoire.

Joignons-leur les Dialecticiens et les Sophistes, race plus bruyante que l'airain de Dodone et dont le moindre l'emporterait en bavardage sur vingt femmes au choix. Ce serait peu que d'être aussi bavards, mais ils sont également querelleurs au point de s'acharner à tirer l'épée pour de la laine de chèvre et de perdre, à force de discuter, tout souci de la vérité. Cependant, leur amour-propre les rend heureux, puisque trois syllogismes les arment suffisamment pour s'attaquer à n'importe qui sur n'importe quoi. Et leur obstination les maintient invincibles, même en face de Stentor.

LII. — Après eux s'avancent les Philosophes, respectables par la barbe et par le manteau, et qui se déclarent les seuls sages, voyant dans le reste de l'humanité des ombres flottantes. Quels délicieux transports, lorsqu'ils édifient des mondes innombrables, mesurent du doigt et du fil le soleil, la lune, les étoiles, les sphères, lorsqu'ils expliquent sans hésiter la foudre, les vents, les éclipses et autres choses inexplicables, comme s'ils étaient confidents de la Nature constructrice du monde et délégués du conseil des Dieux ! La Nature cependant se rit magnifiquement d'eux et de leurs conjectures, car ils n'ont rien pris à bonne source, et les discussions sans fin qu'ils soutiennent sur toute chose en font largement la preuve. Ils ne savent rien de rien et prétendent tout connaître ; ignorants d'eux-mêmes, ils n'aperçoivent même pas le fossé ou la pierre sur leur chemin, soit par fatigue de la vue ou distraction de l'esprit. En attendant ils ont la prétention de bien voir les idées, universaux, formes séparées, éléments premiers, quiddités, eccéités, toutes choses si difficiles à percevoir qu'elles échappent à Lyncée lui-même. Quel mépris du profane vulgaire, toutes les fois que leurs triangles, carrés, cercles, et autres géométriques figures, emmêlées et confuses comme un labyrinthe, leurs lettres d'alphabet rangées en bataille, jettent aux yeux des ignorants la poudre qui les aveugle ! Certains prédisent aussi l'avenir par les astres, promettent des miracles dépassant ceux de la magie, et ont la chance de trouver des gens pour y croire.

LIII. — Il vaudrait mieux, sans doute, passer sous silence les Théologiens, éviter de remuer cette Camarine, de toucher à cette herbe infecte. Race étonnamment sourcilleuse et irritable, ils prendraient contre moi mille conclusions en bloc et, si je refusais de me rétracter, me dénonceraient sans délai comme hérétique. C'est la foudre dont ils terrifient instantanément qui leur déplaît. Je n'ai rencontré personne qui soit moins reconnaissant qu'eux de mes bienfaits, quoique je les en accable. L'amour-propre, par exemple, les juche au troisième ciel. Du haut de ce séjour enchanté, ils regardent le reste des mortels, troupeau rampant sur la terre, et le prennent en pitié. Je les entoure d'une armée de définitions magistrales, conclusions, corollaires, propositions explicites et implicites ; ils sont munis de tant de faux-fuyants qu'ils sauraient échapper au filet de Vulcain par les distinctions dont ils disposent et qui trancheraient tous les nœuds plus aisément que la hache de Ténédos. Leur style regorge de néologismes et de termes extraordinaires. Ils expliquent à leur manière les arcanes des mystères : comment le monde a été créé et distribué ; par quels canaux la tache du péché s'est épandue sur la postérité d'Adam ; par quels moyens, dans quelle mesure, et à quel instant le Christ a été achevé dans le sein de la Vierge ; de quelle façon, dans le sacrement, les accidents subsistent sans la matière.

À ces questions, aujourd'hui rebattues, les grands théologiens, les illuminés comme ils disent, préfèrent et jugent plus dignes d'eux d'autres qui les excitent davantage : s'il y a eu un instant précis dans la génération divine ; s'il y a eu plusieurs filiations dans le Christ ; si l'on peut soutenir cette proposition que Dieu le Père hait son Fils ; si Dieu aurait pu venir sous la forme d'une femme, d'un diable, d'un âne, d'une citrouille ou d'un caillou ; si la citrouille aurait prêché, fait des miracles, été crucifiée. Qu'aurait consacré saint Pierre, s'il eût célébré tandis que le corps du Christ pendait sur la croix ? À ce moment, pouvait-on dire que le Christ fût homme ? Les hommes, après la résurrection, pourront-ils manger et boire ? Nos gens se prémunissent par avance, on le voit, contre la faim et la soif.

Innombrables sont leurs subtiles niaiseries, encore plus subtiles que les précédentes, au sujet des instants, notions, relations, formalités, quiddités, eccéités, toutes imaginations que seul l'œil de Lyncée pourrait percevoir ; encore lui faudrait-il distinguer à travers les plus épaisses ténèbres ce qui n'existe pas. Joignez-y des sentences tellement paradoxales que celles des Stoïciens, qui portent le nom de paradoxes, semblent auprès d'elles banalités et lieux communs :

« Le péché, disent-ils, est moindre de massacrer mille hommes que de coudre le soulier d'un pauvre le dimanche. Il serait plutôt permis de laisser périr l'univers entier, avec tout ce qu'il contient, que de dire un tout petit mensonge, si léger fût-il. » Des subtilités plus subtiles encore encombrent les voies où vous conduisent les innombrables scolastiques. Le tracé d'un labyrinthe est moins compliqué que les tortueux détours des réalistes, nominalistes, thomistes, albertistes, occamistes, scotistes, et tant d'écoles dont je ne nomme que les principales. Leur érudition à toutes est si compliquée que les Apôtres eux-mêmes auraient besoin de recevoir un autre Saint-Esprit pour disputer de tels sujets avec ces théologiens d'un nouveau genre.

Saint Paul, reconnaissent-ils, a eu la foi, mais il la définit bien peu magistralement en disant : « La foi est la substance de l'espérance et la conviction des choses invisibles. » Il pratiquait parfaitement la charité, mais il ne l'a ni divisée, ni définie selon la dialectique, dans la première épître aux Corinthiens, chapitre XIII. Les Apôtres, assurément, consacraient avec piété l'Eucharistie ; mais qu'auraient-ils répondu sur le terme *a quo* et le terme *ad quem*, sur la transsubstantiation, sur la présence du même corps en des lieux divers, sur les différences du corps du Christ au Ciel, sur la Croix et dans le Sacrement, sur l'instant où se produit la transsubstantiation et celles des paroles opérantes qui y suffisent. N'en doutons pas, les réponses des Apôtres eussent été beaucoup moins subtiles que les dissertations et définitions des Scotistes. Ils connaissent la Mère de Jésus, mais qui d'entre eux a démontré son exemption de la souillure d'Adam aussi philosophiquement que l'ont fait nos théologiens ? Pierre a reçu les clefs, et certainement de Celui qui ne les eût pas confiées à un indigne ; cependant, je ne sais s'il aurait compris cette idée subtile que l'être qui ne possède pas la science peut en avoir la clef. Les Apôtres baptisaient en tous lieux ; pourtant, ils n'ont enseigné nulle part quelle est la cause formelle, matérielle, efficiente et finale du baptême ; ils n'ont jamais fait mention de son caractère délébile et indélébile. Ils adoraient, certes, mais en esprit, se bornant à suivre cette parole évangélique : « Dieu est esprit et doit être adoré en esprit et en vérité. » Il ne semble pas qu'on leur ait révélé qu'une adoration pareille soit due à une médiocre image tracée au charbon sur un mur et qui montre le Christ lui-même, pourvu qu'elle présente les deux doigts levés, de longs cheveux et trois rayons adhérents à l'occiput. Pour connaître ces choses, ne faut-il pas avoir étudié au moins trente-six ans la physique et la métaphysique d'Aristote et de Scot ?

Les Apôtres nomment la grâce, mais jamais ils ne distinguent la grâce donnée gratuitement de la grâce gratifiante. Ils encouragent aux bonnes œuvres sans discerner la différence entre l'œuvre opérante et l'œuvre opérée. Ils enseignent la charité, sans savoir séparer l'infuse de l'acquise, sans expliquer si elle est accident ou substance, chose créée ou incréée. Ils détestent le péché, mais ce que nous appelons le péché, que je meure s'ils ont su en donner une définition scientifique ! Il leur manque d'avoir étudié chez les Scotistes. Qui me fera croire que saint Paul, par qui nous jugeons du savoir de tous, eût condamné si souvent les questions, discussions, généalogies, et ce qu'il appelle les querelles de mots, s'il avait été lui-même initié à ces arguties ? Et cependant, les disputes d'alors étaient bien médiocres et bien grossières en regard de celles de nos maîtres, plus subtils que Chrysippe lui-même.

Ces docteurs cependant se montrent assez modestes pour ne pas condamner ce que les Apôtres ont écrit d'imparfait et de peu magistral ; on consent à honorer à la fois l'antiquité et le nom apostolique ; et, en vérité, il ne serait pas juste d'attendre des Apôtres le grand enseignement dont leur Maître ne leur a jamais dit mot. Mais, quand la même insuffisance se révèle dans Chrysostome, Basile ou Jérôme, il faut bien noter au passage : « Ce n'est pas reçu. » C'est seulement par leur vie et leurs miracles que ces Pères ont réfuté les philosophes ethniques fort obstinés de nature, ceux-ci étant incapables de comprendre le moindre *quodlibetum* de Scot. Mais aujourd'hui, quel païen, quel hérétique ne rendrait aussitôt les armes devant tant de cheveux coupés en quatre ? Il en est, il est vrai, d'assez obtus pour ne pas entendre nos docteurs, d'assez impertinents pour les siffler, ou même d'assez bons dialecticiens pour soutenir le combat. Ce sont alors magiciens contre magiciens, luttant chacun avec un glaive enchanté et n'arrivant à rien qu'à remettre sans fin au métier l'ouvrage de Pénélope.

Si les chrétiens m'écoutaient, à la place des lourdes armées qui, depuis si longtemps, n'arrivent pas à vaincre, ils enverraient contre les Turcs et les Sarrasins les très bruyants Scotistes, les très entêtés Occamistes, les invincibles Albertistes et tout le régiment des Sophistes ; et l'on assisterait, à mon avis, à la plus divertissante bataille et à une victoire d'un genre inédit. Quelle frigidité ne s'échaufferait à leur contact ? Quelle inertie ne céderait à leurs aiguillons ? Et qui serait assez malin pour se débrouiller dans leurs ténèbres ?

Mais vous croyez que je dis tout cela par moquerie ? Ce serait naturel, puisque les théologiens instruits aux bonnes lettres ont eux-mêmes la nausée de ces subtilités théologiques, et les jugent balivernes. Il en est qui regardent comme exécrable et presque sacrilège, et d'une suprême impiété, de traiter si irrévérencieusement des choses saintes, qui appellent l'adoration plutôt que l'explication, d'en discuter avec les mêmes profanes arguties que les païens, de les définir avec tant d'arrogance, et de souiller de paroles si vaines et de pensées si sordides la majesté de la divine Théologie. Malgré cette opposition, nos gens jouissent d'eux-mêmes et se congratulent, nuit et jour absorbés par d'aimables bouffonneries, qui ne leur laissent même pas le temps de feuilleter une fois l'Évangile ou les épîtres de saint Paul. Et tandis que, dans les universités, ils s'amusent à ces sornettes, ils estiment que l'Église entière s'étale sur leurs syllogismes et qu'elle s'écroulerait sans eux, comme les poètes disent qu'Atlas soutient le ciel sur ses épaules.

Vous jugez de leur félicité ! Ils pétrissent et repétrissent à leur gré, comme de la cire, les Lettres sacrées ; ils présentent leurs conclusions, approuvées déjà par quelques scolastiques, comme supérieures aux lois de Solon et même préférables aux décrets pontificaux ; ils se font les censeurs du monde et exigent qu'on rétracte tout ce qui ne s'adapte pas exactement à leurs propres conclusions explicites et implicites ; enfin, ils prononcent leurs oracles : « Cette proposition est scandaleuse ; cette autre est irrévérencieuse ; celle-ci sent l'hérésie ; celle-là sonne mal. » Aussi, ni le baptême ni l'Évangile, ni saint Paul ou saint Pierre, ni saint Jérôme ou saint Augustin, ni même saint Thomas, l'aristotélicien suprême, ne sauraient faire un chrétien, s'il ne s'ajoute à leur enseignement l'autorité de ces bacheliers grands juges en subtilités. Croirait-on qu'il n'est pas chrétien de dire équivalentes ces deux formules : « pot de chambre, tu pues » et « le pot de chambre pue » ? De même, « bouillir à la marmite » ou « bouillir dans la marmite » ; ce ne sera la même chose que si ces savants l'ont enseigné. De tant d'erreurs, à la vérité inaperçues jusqu'à eux, qui donc eût purgé l'Église, s'ils ne les avaient signalées sous les grands sceaux des universités ! Combien ils sont heureux, quand ils exercent cette activité, et lorsqu'ils décrivent minutieusement toutes les choses de l'Enfer, comme s'ils avaient passé des années au sein de cette république ; et lorsqu'ils fabriquent, à leur fantaisie, des sphères nouvelles, en ajoutant la plus étendue et la plus belle, afin que l'espace ne manque pas aux âmes bienheureuses pour se promener, banqueter ou jouer à la paume ! De telles sottises et mille autres semblables leur bourrent et farcissent le cerveau au point que celui de Jupiter était moins surchargé, lorsqu'il implora la hache de Vulcain pour accoucher de Pallas. Ne vous étonnez donc pas de les voir, aux jours de controverses publiques, la tête si serrée dans leur bonnet, puisque sans cela elle sauterait en éclats.

Je ris souvent, à part moi, en constatant de quelle façon ils établissent leur supériorité théologique. C'est à qui emploiera le langage le plus barbare et le plus grossier ; c'est à qui balbutiera au point de n'être entendu que par un bègue. Ils se disent profonds quand le public ne peut les suivre ; ils jugent même indigne des Lettres sacrées de plier leur style aux lois des grammairiens. Ce serait l'étrange prérogative des théologiens d'être seuls à parler incorrectement, s'ils ne la partageaient avec une foule de gens du peuple. Enfin, ils se croient voisins des Dieux, chaque fois qu'on les salue avec dévotion du titre de *magister noster*. Le mot, à leur avis, équivaut au tétragramme des Juifs ; aussi défendent-ils de l'écrire autrement qu'en majuscules et, si quelqu'un l'intervertissait en *noster magister*, il léserait assurément la majesté du nom théologique.

LIV. — Aussitôt après le bonheur des théologiens, vient celui des gens vulgairement appelés Religieux ou Moines, par une double désignation fausse, car la plupart sont fort loin de la religion et personne ne circule davantage en tous lieux que ces prétendus solitaires. Ils seraient, à mon sens, les plus malheureux des hommes, si je ne les secourais de mille manières. Leur espèce est universellement exécrée, au point que leur rencontre fortuite passe pour porter malheur, et pourtant ils ont d'eux-mêmes une opinion magnifique. Ils estiment que la plus haute piété est de ne rien savoir, pas même lire. Quand ils braient comme des ânes dans les églises, en chantant leurs psaumes qu'ils numérotent sans les comprendre, ils croient réjouir les oreilles des personnes célestes. De leur crasse et de leur mendicité beaucoup se font gloire ; ils beuglent aux portes pour avoir du pain ; ils encombrent partout les auberges, les voitures, les bateaux, au grand dommage des autres mendiants. Aimables gens qui prétendent rappeler les Apôtres par de la saleté et de l'ignorance, de la grossièreté et de l'impudence !

Le plus drôle est que tous leurs actes suivent une règle et qu'ils croiraient faire péché grave s'ils s'écartaient le moins du monde de sa rigueur mathématique : combien de nœuds à la sandale, quelle couleur à la ceinture, quelle bigarrure au vêtement, de quelle étoffe la ceinture et de quelle largeur, de quelle forme le capuchon et de quelle capacité en boisseaux, de combien de doigts la largeur de la tonsure, et combien d'heures pour le sommeil ! Qui ne voit à quel point cette égalité est inégale, exigée d'êtres si divers au physique et au moral ? Ces niaiseries, pourtant, les enorgueillissent si fort qu'ils méprisent tout le monde et se méprisent d'un ordre à l'autre. Des hommes, qui professent la charité apostolique, poussent les hauts cris pour un habit différemment serré, pour une couleur un peu plus sombre. Rigidement attachés à leurs usages, les uns ont le froc de laine de Cilicie et la chemise de toile de Milet, les autres portent la toile en dessus, la laine en dessous. Il en est qui redoutent comme un poison le contact de l'argent, mais nullement le vin ni les femmes. Tous ont le désir de se singulariser par leur genre de vie. Ce qu'ils ambitionnent n'est pas de ressembler au Christ, mais de se différencier entre eux. Leurs surnoms aussi les rendent considérablement fiers : entre ceux qui se réjouissent d'être appelés Cordeliers, on distingue les Coletans, les Mineurs, les Minimes, les Bullistes. Et voici les Bénédictins, les Bernardins, les Brigittins, les Augustins, les Guillemites, les Jacobins, comme s'il ne suffisait pas de se nommer Chrétiens !

Leurs cérémonies, leurs petites traditions tout humaines, ont à leurs yeux tant de prix que la récompense n'en saurait être que le ciel. Ils oublient que le Christ, dédaignant tout cela, leur demandera seulement s'ils ont obéi à sa loi, celle de la charité. L'un étalera sa panse gonflée de poissons de toute sorte ; l'autre videra cent boisseaux de psaumes ; un autre comptera ses myriades de jeûnes, où l'unique repas du jour lui remplissait le ventre à crever ; un autre fera de ses pratiques un tas assez gros pour surcharger sept navires ; un autre se glorifiera de n'avoir pas touché à l'argent pendant soixante ans, sinon avec les doigts gantés ; un autre produira son capuchon, si crasseux et si sordide qu'un matelot ne le mettrait pas sur sa peau ; un autre rappellera qu'il a vécu plus de onze lustres au même lieu, attaché comme une éponge ; un autre prétendra qu'il s'est cassé la voix à force de chanter ; un autre qu'il s'est abruti par la solitude ou qu'il a perdu, dans le silence perpétuel, l'usage de la parole.

Mais le Christ arrêtera le flot sans fin de ces glorifications : « Quelle est, dira-t-il, cette nouvelle espèce de Juifs ? Je ne reconnais qu'une loi pour la mienne ; c'est la seule dont nul ne me parle. Jadis, et sans user du voile des paraboles, j'ai promis clairement l'héritage de mon Père, non pour des capuchons, petites oraisons ou abstinences, mais pour les œuvres de foi et de charité. Je ne connais pas ceux-ci, qui connaissent trop leurs mérites ; s'ils veulent paraître plus saints que moi, qu'ils aillent habiter à leur gré le ciel des Abraxasiens ou s'en faire construire un nouveau par ceux dont ils ont mis les mesquines traditions au-dessus de mes préceptes ! » Quand nos gens entendront ce langage et se verront préférer des matelots et des rouliers, quelle tête feront-ils en se regardant ?

En attendant, grâce à moi, ils jouissent de leur espérance. Et, bien qu'ils soient étrangers à la chose publique, personne n'ose leur témoigner de mépris, surtout aux Mendiants qui détiennent les secrets de tous, par ce qu'ils appellent les confessions. Ils se font un crime, il est vrai, d'en trahir le secret, à moins toutefois qu'ils n'aient bu et se veuillent divertir d'histoires plaisantes ; ils laissent alors le champ aux suppositions, sans livrer les noms. N'irritez pas ces guêpes ; ils se vengeraient dans leurs sermons où ils désignent un ennemi par des allusions indirectes, mais que tout le monde saisit pour peu qu'on sache comprendre. Ils ne cesseront d'aboyer que si on leur met la pâtée dans la bouche.

Quel comédien, quel bateleur, trouverez-vous plus forts que ces prédicateurs, rhéteurs ridicules assurément, mais habiles à singer les usages traditionnels de la rhétorique ? Comme ils gesticulent, Dieux immortels ! Comme ils savent adapter la voix, et fredonner, et s'agiter, et changer successivement l'expression de leur visage, et à tout bout de champ s'exclamer ! Ces recettes pour prêcher sont un secret que les petits frères se passent de main en main. Sans y être initiée, voici ce que je m'en figure. Ils commencent par une invocation, usage appris des poètes ; puis, s'ils ont à parler sur la charité, ils tirent leur exorde du Nil, fleuve d'Égypte ; s'ils racontent le mystère de la Croix, ils ont recours avec à-propos au dragon Bel de Babylone ; s'il s'agit du jeûne, ils rappellent les douze signes du Zodiaque ; et, voulant parler de la Foi, ils s'étendent longuement sur la quadrature du cercle.

J'ai moi-même entendu un fou tout à fait réussi — excusez-moi, je voulais dire un savant homme — expliquer dans une assemblée fameuse le mystère de la Sainte Trinité.

Pour établir combien sa science était raffinée, et satisfaire les oreilles théologiennes, il s'engagea dans une voie vraiment nouvelle : il parla de l'alphabet, des syllabes, des parties du discours, de l'accord du sujet et du verbe, de celui de l'adjectif et du substantif. Beaucoup s'étonnaient, et quelques-uns chuchotaient entre eux le mot d'Horace : « Où mènent toutes ces fadaises ? Il en déduisit que la Sainte Trinité se trouve tout entière figurée dans le rudiment des grammairiens, et que les figures mathématiques ne représenteraient pas ce mystère avec plus de clarté. À mettre sur pied son discours, ce suprême théologien avait passé huit mois pleins ; il en est devenu aujourd'hui plus aveugle qu'une taupe, toute l'acuité de ses yeux s'étant usée sans doute à la pointe de son esprit. Notre homme ne regrette nullement cette infirmité et trouve qu'il a payé bon marché sa gloire.

J'en ouïs un autre, celui-là octogénaire et si fort théologien que vous auriez cru Scot ressuscité. Ayant à expliquer le mystère du nom de Jésus, il démontra avec une subtilité admirable que les lettres de ce mot renferment tout ce qu'on peut dire de Jésus lui-même. Sa terminaison change à trois cas, ce qui est l'évident symbole de la Trinité divine. La première forme, *Jesus*, se termine en *s*, la seconde, *Jesum*, en *m*, la troisième, *Jesu*, en *u*, ce qui cache un ineffable mystère : ces trois petites lettres indiquent, en effet, que Jésus est le commencement (*summum*), le milieu (*medium*) et la fin (*ultimum*). Elles contiennent un secret plus profond encore et qui tient aux mathématiques.

L'orateur divisa, en effet, le nom de Jésus en deux parties égales, isolant la lettre *s* qui reste au milieu ; il montra que cette lettre est celle que les Hébreux appellent *syn*, mot qui, en langue écossaise, je crois, signifie *péché* ; il en tira que, de toute évidence, Jésus devait effacer les péchés du monde ! Un exorde si neuf stupéfia tellement les auditeurs que les théologiens notamment furent bien près de subir le sort de Niobé. Pour moi, il faillit m'arriver l'accident de ce Priape de figuier, qui eut l'infortune d'assister aux rites nocturnes de Canidie et de Sagana.

Véritablement, il y avait de quoi rire. Jamais le Grec Démosthène ni le Latin Cicéron n'auraient débuté de telle sorte ; ils tenaient pour vicieux l'exorde étranger au sujet ; ce n'est pas non plus ainsi que commencent leurs discours les gardeurs de cochons, bons élèves de la Nature. Mais nos savants veulent faire, de ce qu'ils appellent leur « préambule », un chef-d'œuvre de rhétorique ; ils croient avoir réussi, s'ils en ont exclu tout rapport avec le sujet, et si l'auditeur émerveillé chuchote : « Comment va-t-il en sortir ? »

En troisième lieu, s'ils tirent à la hâte quelque chose de l'Évangile, c'est un bout de récit en passant, alors que l'expliquer devrait être leur unique tâche. En quatrième lieu, changeant de rôle, ils agitent une question de théologie, souvent aussi étrangère au ciel qu'à la terre. C'est même, d'après eux, suivre une règle de l'art. Enfin, étalant la morgue théologique, ils cornent aux oreilles les titres pompeux de docteurs solennels, docteurs subtils, docteurs très subtils, docteurs séraphiques, docteurs saints, docteurs irréfragables. Ils imposent au vulgaire incompétent syllogismes, majeures, mineures, conclusions, corollaires, suppositions, froides fadaises scolastiques. Il reste le cinquième acte où l'artiste doit se surpasser. Et le voilà jetant une sotte fable sans esprit, tirée par exemple du *Speculum historiale* ou des *Gesta Romanorum*, et l'interprétant successivement par l'allégorie, la tropologie et l'analogie ; ainsi achève-t-il de fabriquer sa chimère, un monstre tel qu'Horace n'avait pu le rêver, lorsqu'il écrivait : « Ajoutez à la tête humaine, etc.... ».

Mais je ne sais qui leur a appris qu'il faut prononcer l'exorde d'une voix posée et sans éclats ; ils commencent donc d'un ton si bas qu'à peine entendent-ils le son de leur voix. Comme s'il y avait le moindre intérêt à parler pour n'être compris de personne ! Ils ont ouï dire que pour émouvoir il faut user d'exclamations ; on les voit donc passer brusquement, et sans nul besoin, de la parole calme au cri furieux. On administrerait de l'ellébore à quiconque crierait ainsi hors de propos. Ensuite, on leur a dit qu'il convient de s'échauffer progressivement en parlant ; lorsqu'ils ont récité tant bien que mal le début de chaque partie, leur voix s'enfle tout à coup prodigieusement pour dire les choses les plus simples ; ils en ont perdu le souffle quand s'achève leur discours. Enfin, sachant que la rhétorique utilise le rire, ils s'étudient à égayer leur texte de quelques plaisanteries. Que de grâces, ô chère Aphrodite ! et que d'à-propos, et comme c'est bien l'âne qui joue de la lyre ! Il leur arrive aussi de réprimander, mais ils caressent plus qu'ils ne blessent, sachant qu'on ne flatte jamais mieux qu'en affichant une franche critique. Somme toute, on jugerait à les ouïr que leurs maîtres furent les charlatans de la foire, au reste bien supérieurs à eux. Ils se ressemblent si fort, en tout cas, qu'il faut bien que les uns ou les autres aient été les professeurs de cette commune rhétorique. Néanmoins, par mes bons offices, ces bavards trouvent des admirateurs qui les prennent pour des Démosthène et des Cicéron. Ils en rencontrent surtout chez les marchands et les femmelettes, dont leurs flatteries assiègent les oreilles. Les premiers, s'ils sont suffisamment flagornés, leur laissent une petite part des biens mal acquis ; les autres ont maint motif de les aimer, surtout l'agrément de s'épancher dans leur sein et d'y déblatérer contre leur mari.

Vous voyez, je pense, combien me doivent ces gens-là, qui, par leurs mômeries, leurs ridicules fadaises et leurs criailleries, exercent une sorte de tyrannie parmi les hommes et se croient des Paul et des Antoine.

LV. — Je suis bien aise maintenant de quitter des histrions, dont l'ingratitude dissimule mes bienfaits et dont l'hypocrisie joue la piété.

Depuis longtemps, je désirais vous parler des Rois et des Princes de cour ; eux, du moins, avec la franchise qui sied à des hommes libres, me rendent un culte sincère.

À vrai dire, s'ils avaient le moindre bon sens, quelle vie serait plus triste que la leur et plus à fuir ? Personne ne voudrait payer la couronne du prix d'un parjure ou d'un parricide, si l'on réfléchissait au poids du fardeau que s'impose celui qui veut vraiment gouverner. Dès qu'il a pris le pouvoir, il ne doit plus penser qu'aux affaires politiques et non aux siennes, ne viser qu'au bien général, ne pas s'écarter d'un pouce de l'observation des lois qu'il a promulguées et qu'il fait exécuter, exiger l'intégrité de chacun dans l'administration et les magistratures. Tous les regards se tournent vers lui, car il peut être, par ses vertus, l'astre bienfaisant qui assure le salut des hommes ou la comète mortelle qui leur apporte le désastre. Les vices des autres n'ont pas autant d'importance et leur influence ne s'étend pas si loin ; mais le Prince occupe un tel rang que ses moindres défaillances répandent le mauvais exemple universel. Favorisé par la fortune, il est entouré de toutes les séductions ; parmi les plaisirs, l'indépendance, l'adulation, le luxe, il a bien des efforts à faire, bien des soins à prendre, pour ne point se tromper sur son devoir et n'y jamais manquer. Enfin, vivant au milieu des embûches, des haines, des dangers, et toujours en crainte, il sent au-dessus de sa tête le Roi véritable, qui ne tardera pas à lui demander compte de la moindre faute, et sera d'autant plus sévère pour lui qu'il aura exercé un pouvoir plus grand.

En vérité, si les princes se voyaient dans cette situation, ce qu'ils feraient s'ils étaient sages, ils ne pourraient, je pense, goûter en paix ni le sommeil, ni la table. C'est alors que j'apporte mon bienfait : ils laissent aux Dieux l'arrangement des affaires, mènent une vie de mollesse et ne veulent écouter que ceux qui savent leur parler agréablement et chasser tout souci des âmes. Ils croient remplir pleinement la fonction royale, s'ils vont assidûment à la chasse, entretiennent de beaux chevaux, trafiquent à leur gré des magistratures et des commandements, inventent chaque jour de nouvelles manières de faire absorber par leur fisc la fortune des citoyens, découvrent les prétextes habiles qui couvriront d'un semblant de justice la pire iniquité. Ils y joignent, pour se les attacher, quelques flatteries aux masses populaires.

Représentez-vous maintenant le Prince tel qu'il est fréquemment. Il ignore les lois, est assez hostile au bien général, car il n'envisage que le sien ; il s'adonne aux plaisirs, hait le savoir, l'indépendance et la vérité, se moque du salut public et n'a d'autres règles que ses convoitises et son égoïsme. Donnez-lui le collier d'or, symbole de la réunion de toutes les vertus, la couronne ornée de pierres fines, pour l'avertir de l'emporter sur tous par un ensemble de vertus héroïques ; ajoutez-y le sceptre, emblème de la justice et d'une âme incorruptible, enfin la pourpre, qui signifie le parfait dévouement à l'État. Un prince qui saurait comparer sa conduite à ces insignes de sa fonction, rougirait, ce me semble, d'en être revêtu et redouterait qu'un malicieux interprète ne vînt tourner en dérision tout cet attirail de théâtre.

LVI. — Que dirai-je des Gens de cour ? Il n'y a rien de plus rampant, de plus servile, de plus sot, de plus vil que la plupart d'entre eux, et ils n'en prétendent pas moins au premier rang partout. Sur un point seulement, ils sont très réservés ; satisfaits de mettre sur leur corps l'or, les pierreries, la pourpre et les divers emblèmes des vertus et de la sagesse, ils laissent de celles-ci la pratique à d'autres. Tout leur bonheur est d'avoir le droit d'appeler le roi « Sire », de savoir le saluer en trois paroles, de prodiguer des titres officiels où il est question de Sérénité, de Souveraineté, de Magnificence. Ils s'en barbouillent le museau, s'ébattent dans la flatterie ; tels sont les talents essentiels du noble et du courtisan.

Si vous y regardez de plus près, vous verrez qu'ils vivent comme de vrais Phéaciens, des prétendants de Pénélope ; vous connaissez la fin du vers qu'Écho vous dira mieux que moi. Ils dorment jusqu'à midi ; un petit prêtre à leurs gages, qui attend auprès du lit, leur expédie, à peine levés, une messe hâtive. Sitôt le déjeuner fini, le dîner les appelle. Puis ce sont les dés, les échecs, les devins, les bouffons, les filles, les amusements et les bavardages. Entre-temps, une ou deux collations ; puis on se remet à table pour le souper, qui est suivi de beuveries. De cette façon, sans risque d'ennui, s'écoulent les heures, les jours, les mois, les années, les siècles. Moi-même je quitte avec dégoût ces hauts personnages, qui se croient de la compagnie des Dieux et s'imaginent être plus près d'eux quand ils portent une traîne plus longue. Les grands jouent des coudes à l'envi pour se faire voir plus rapprochés de Jupiter, n'aspirant qu'à balancer à leur cou une chaîne plus lourde, étalant ainsi à la fois la force physique et l'opulence.

LVII. — Dignes rivaux des princes, voici les Souverains Pontifes, les cardinaux et les évêques. Ils en sont presque à les dépasser. Qu'un d'entre eux pourtant réfléchisse, il verra que son beau rochet, blanc comme la neige, est l'emblème d'une vie sans tache ; que sa mitre aux deux cornes réunies par un même nœud suppose en lui la connaissance égale et approfondie du Nouveau et de l'Ancien Testament ; que les gants dont il couvre ses mains indiquent qu'il doit être pur de toute souillure pour administrer les sacrements ; que sa crosse pastorale symbolise la vigilance sur son troupeau ; que la croix portée devant lui signifie la victoire sur toutes les passions humaines. S'il pense à ces choses et à bien d'autres, ne vivra-t-il pas dans la tristesse et dans l'anxiété ? Aujourd'hui, tout au contraire, ces pasteurs ne font rien que se bien nourrir. Ils laissent le soin du troupeau au Christ lui-même, ou aux dénommés frères, ou à leurs vicaires. Ils oublient que leur nom d'évêque signifie labeur, vigilance, sollicitude. Ces qualités leur servent pour mettre la main sur l'argent, car c'est alors qu'ils ouvrent l'œil.

LVIII. — De même, les cardinaux pourraient songer qu'ils sont les successeurs des Apôtres, qui leur imposent de continuer leur apostolat, et qu'ils ne sont pas les possesseurs, mais les dispensateurs des biens spirituels, dont ils auront bientôt à rendre un compte rigoureux. S'ils philosophaient, si peu que ce fût, sur leur costume et se disaient : « Que signifie ce rochet, sinon la parfaite pureté des mœurs ? cette robe de pourpre, sinon le plus ardent amour de Dieu ? ce vaste manteau aux larges plis, qui couvre jusqu'à la mule du révérendissime et pourrait encore revêtir un chameau, sinon l'immense charité qui doit se répandre sur tous et subvenir à tous les besoins : instruire, exhorter, consoler, corriger, avertir, mettre fin aux guerres, résister aux mauvais princes, et sacrifier généreusement pour le troupeau du Christ non seulement ses richesses, mais son sang ? et qu'est-il besoin de richesses pour qui tient le rôle des pauvres Apôtres ? Si les cardinaux, dis-je, réfléchissaient à tout cela, loin d'ambitionner le rang qu'ils occupent, ils le quitteraient sans regret et préféreraient mener la vie de labeur et de dévouement qui fut celle des anciens Apôtres.

LIX. — Si les Souverains Pontifes, qui sont à la place du Christ, s'efforçaient de l'imiter dans sa pauvreté, ses travaux, sa sagesse, sa croix et son mépris de la vie, s'ils méditaient sur le nom de Pape, qui signifie Père, et sur le titre de Très-Saint qu'on leur donne, ne seraient-ils pas les plus malheureux des hommes ? Celui qui emploie toutes ses ressources à acheter cette dignité ne doit-il pas la défendre ensuite par le fer, le poison et la violence ? Que d'avantages à perdre, si la sagesse, un jour, entrait en eux ! et pas même la sagesse, mais un seul grain de ce sel dont le Christ a parlé. Tant de richesses, d'honneurs, de trophées, d'offices, dispenses, impôts, indulgences, tant de chevaux, de mules, de gardes, et tant de plaisirs, vous voyez quel trafic, quelle moisson, quel océan de biens j'ai fait tenir en peu de mots ! Il faudrait mettre à la place les veilles, les jeûnes, les larmes, les oraisons, les sermons, l'étude et la pénitence, mille incommodités fâcheuses. Que deviendraient aussi, ne l'oublions pas, tant de scripteurs, de copistes, de notaires, d'avocats, de promoteurs, de secrétaires, de muletiers, de palefreniers, de maîtres d'hôtel, d'entremetteurs, je dirais un mot plus vif, mais ne blessons pas les oreilles ? Cette multitude immense, qui est à la charge du Siège romain, je me trompe, qui a des charges auprès du Siège romain, serait réduite à la famine. Il serait donc inhumain, abominable et infiniment détestable que les grands chefs de l'Église, véritables lumières du monde, soient ramenés au bâton et à la besace.

Aujourd'hui, la partie laborieuse de leur fonction, ils l'abandonnent à peu près à saint Pierre et à saint Paul, qui ont des loisirs ; ils gardent la part de la représentation et des agréments. Grâce à moi, par conséquent, il n'y a pas d'hommes vivant plus délicieusement. Personne n'a moins de soucis, puisqu'ils croient donner assez au Christ, s'ils se montrent dans leur pompe rituelle et presque théâtrale, revêtus des titres de Béatitude, de Révérence et de Sainteté, et font les évêques aux cérémonies en bénissant et anathématisant. Faire des miracles est un vieil usage désuet, qui n'est plus de notre temps ; enseigner les peuples est fatigant ; l'interprétation de l'Écriture Sainte appartient aux écoles ; prier est oiseux ; verser des larmes est affaire aux malheureux et aux femmes ; vivre pauvrement fait mépriser ; subir la défaite est une honte indigne de celui qui admet à peine les plus grands rois à baiser ses pieds ; mourir enfin est chose dure, et, sur la croix, ce serait infamant.

Les seules armes qui leur restent sont les douces bénédictions, dont parle saint Paul, et qu'ils sont fort enclins à prodiguer, les interdits, suspensions, aggravations, anathèmes, peintures vengeresses, et cette foudre terrible qui leur fait d'un seul geste précipiter les âmes au-dessous même du Tartare. Ces très saints pères dans le Christ, ces vicaires du Christ, ne frappent jamais plus fort que sur ceux qui, à l'instigation du diable, tentent d'amoindrir ou de rogner les patrimoines de saint Pierre. Bien que cet apôtre ait dit dans l'Évangile : « Nous avons tout quitté pour vous suivre », ils lui érigent en patrimoine des terres, des villes, des tributs, des péages, tout un royaume. Pour conserver tout cela, enflammés de l'amour du Christ, ils combattent par le fer et par le feu et font couler des flots de sang chrétien. Ils croient défendre en apôtres l'Église, épouse du Christ, lorsqu'ils mettent en pièces ceux qu'ils nomment ses ennemis. Comme si les plus pernicieux ennemis de l'Église n'étaient pas les pontifes impies, qui font oublier le Christ par leur silence, l'enchaînent dans des lois de trafic, dénaturent son enseignement par des interprétations forcées et l'assassinent par leur conduite scandaleuse !

L'Église chrétienne ayant été fondée par le sang, confirmée par le sang, accrue par le sang, ils continuent à en verser, comme si le Christ ne saurait pas défendre les siens à sa manière. La guerre est chose si féroce qu'elle est faite pour les bêtes et non pour les hommes ; c'est une démence envoyée par les Furies, selon la fiction des poètes, une peste qui détruit les mœurs partout où elle passe, une injustice, puisque les pires bandits sont d'habitude les meilleurs guerriers, une impiété qui n'a rien de commun avec le Christ. Les Papes, cependant, négligent tout pour en faire leur occupation principale. On voit parmi eux des vieillards décrépits y porter l'ardeur de la jeunesse, jeter l'argent, braver la fatigue, ne reculer devant rien pour mettre sens dessus dessous les lois, la religion, la paix, l'humanité tout entière. Ils trouveront ensuite maint docte adulateur pour décorer cette évidente aberration du nom de zèle, de piété, de courage, pour démontrer par raisonnement comment on peut dégainer un fer meurtrier et le plonger dans les entrailles de son frère, sans manquer le moins du monde à cette charité parfaite que le Christ exige du chrétien envers son prochain.

LX. — Ont-ils donné l'exemple ou suivi celui de certains évêques d'Allemagne ? Ceux-ci, abandonnant le culte, les bénédictions et les cérémonies, font ouvertement les satrapes, et croiraient indigne de l'épiscopat de rendre à Dieu, ailleurs que sur un champ de bataille, leur âme guerrière. Le commun des prêtres, dans la grande crainte de ne pas égaler en sainteté leurs prélats, combattent en véritables soldats pour la défense de leurs dîmes : épées, javelots, frondes, toute espèce d'armes leur convient. Comme ils s'entendent à découvrir dans les vieux parchemins le texte qui leur permettra d'intimider le populaire et de lui faire accroire qu'on leur doit la dîme et plus encore ! Quant à leurs devoirs envers ce même peuple, ils sont écrits partout ; mais ils oublient de les lire. La tonsure ne leur fait pas songer que le prêtre doit être affranchi de toutes les passions mondaines et ne s'attacher qu'aux choses célestes. Au contraire, ces gens de plaisir se croient en règle avec leur conscience, dès qu'ils ont marmonné leurs oraisons. Et comment un Dieu pourrait-il les entendre ou les comprendre, puisque eux-mêmes, le plus souvent, ne s'entendent ni ne se comprennent, même s'ils crient très fort !

Ils ont cela de commun avec les laïques qu'ils sont également âpres à la récolte de l'argent et habiles à imposer la reconnaissance de leurs droits. S'il est une fonction pénible, ils la rejettent prudemment sur les épaules d'autrui et se renvoient la balle les uns aux autres. Beaucoup ressemblent aux princes laïques qui délèguent les soins du gouvernement à des ministres, lesquels repassent la délégation à des commis ; c'est sans doute par modestie que les prêtres concèdent aux fidèles toutes les œuvres de piété ; le fidèle les renvoie à ces gens qu'il dit ecclésiastiques, comme s'il se mettait lui-même hors de l'Église, les vœux de son baptême n'ayant été qu'une vaine cérémonie. Bien des prêtres, à leur tour, se font appeler séculiers, semblant ainsi se vouer au siècle, non au Christ ; ils rejettent donc leurs charges sur les réguliers ; ceux-ci sur les moines ; les moines relâchés sur ceux de stricte observance ; tous ensemble sur les Mendiants ; et les Mendiants sur les Chartreux, les seuls chez qui la piété se cache, et se cache même si bien qu'on ne saurait l'apercevoir. Pareillement, les papes, si diligents moissonneurs d'argent, renvoient les travaux apostoliques aux évêques, ceux-ci aux curés, ceux-là aux vicaires ; les vicaires aux frères mendiants, et ces derniers s'en débarrassent sur ceux qui savent tondre la laine des brebis.

Mais il n'est pas dans mon sujet d'examiner la vie des papes et des prêtres, j'aurais l'air de composer une satire au lieu de mon propre éloge, et l'on pourrait croire qu'en louant les mauvais princes j'ai l'intention de censurer les bons. Le peu que j'ai dit de chaque état démontre seulement que nul homme ne peut vivre heureux s'il n'est initié à mes rites et honoré de ma faveur.

LXI. — Pourrait-il en être autrement, puisque la déesse de Rhamnunte, arbitre du bonheur et du malheur, a toujours comme moi combattu les sages et prodigué les biens aux fous, même endormis ? Vous connaissez ce Timothée à qui s'appliquaient si bien son surnom et le proverbe : « Il a fait sa pêche en dormant », et cet autre encore : « Le hibou de Minerve vole pour moi ». On dit, au contraire, des sages : « Ils sont nés au quatrième jour de la lune », ou encore : « Ils montent le cheval de Séjan », « ils possèdent l'or de Toulouse ». Mais je m'arrête de multiplier les adages ; j'aurais l'air de plagier le recueil qu'en a fait mon ami Érasme.

Disons la chose comme elle est ; la Fortune aime les gens peu réfléchis, les téméraires, ceux qui disent volontiers : « Le sort en est jeté ! » La Sagesse rend les gens timides ; aussi trouvez-vous partout des sages dans la pauvreté, la faim, la vaine fumée ; ils vivent oubliés, sans gloire et sans sympathie. Les fous, au contraire, regorgent d'argent, prennent le gouvernail de l'État et, en peu de temps, sur tous les points sont florissants. Si vous faites consister le bonheur à plaire aux princes et à figurer parmi les courtisans, mes divinités couvertes de pierreries, quoi de plus inutile que la Sagesse, quoi de plus décrié chez ces gens-là ? Si ce sont des richesses que vous voulez acquérir, quel sera le gain du trafiquant inspiré par la Sagesse ? Il reculera devant un parjure ; il rougira s'il est pris à mentir ; il se ralliera plus ou moins, sur la fraude et l'usure, aux scrupules des sages. Si l'on ambitionne les dignités et les biens ecclésiastiques, ânes ou bestiaux y arriveront plus tôt qu'un sage ; si l'on cherche le plaisir amoureux, la jeune femme, partie importante dans l'affaire, sera de tout son cœur avec le fou et s'éloignera du sage avec horreur comme d'un scorpion. Quiconque enfin veut jouir agréablement de la vie doit avant tout fuir le sage et fréquenter plutôt le premier animal venu. En somme, de quelque côté qu'on regarde, pontifes, princes, juges, magistrats, les amis, les ennemis, les grands et les petits, tous ne cherchent que l'argent comptant ; comme le sage méprise l'argent, on a soin d'éviter sa compagnie.

Bien que mon éloge soit inépuisable, il est nécessaire pourtant qu'un discours ait une fin. Je vais donc m'arrêter, mais non sans vous montrer brièvement que de grands auteurs m'ont illustrée par leurs écrits et par leurs actes ; après cela, on ne dira pas que je suis seule à m'admirer et les procéduriers ne me reprocheront pas de manquer de textes en ma faveur. Comme eux, d'ailleurs, j'en citerai à tort et à travers.

LXII. — Il est une maxime universellement admise : « Ce que tu n'as pas, fais semblant de l'avoir » ; d'où l'on tire, pour les enfants, le vers que voici : « La plus grande sagesse est de paraître fou. » Vous en concluez déjà quel grand bien est la Folie, puisque son ombre trompeuse et sa seule imitation suffisent à mériter ces doctes éloges. Plus franchement encore s'exprime ce gras et luisant compagnon du troupeau d'Épicure (Horace), quand il vous recommande de mêler de la folie dans vos desseins, bien qu'il ait tort de la vouloir passagère. Il dit ailleurs : « Il est doux de déraisonner à propos », et, ailleurs encore, il aime mieux paraître fou et ignorant que d'être sage et d'enrager. Homère, qui couvre de louanges Télémaque, l'appelle souvent fol enfant, et sans cesse les poèmes tragiques appliquent l'heureuse épithète aux enfants et aux adolescents. Le poème sacré de l'Iliade, que conte-t-il, sinon les folles actions des rois et des peuples ? « Le monde est rempli de fous », dit Cicéron, et ce mot complète mon éloge, puisque le bien le plus répandu est le plus parfait.

LXIII. — De telles autorités sont-elles de peu de poids auprès des chrétiens ? J'étaierai alors mon éloge, je le fonderai, comme disent les doctes, sur le témoignage des Saintes Écritures. Que les théologiens me le pardonnent, la tâche est difficile, et ce serait le cas de faire de nouveau venir les Muses de l'Hélicon ; mais quel grand voyage pour un objet qui ne les concerne guère ! Il me conviendrait mieux, sans doute, puisque je fais la théologienne et m'aventure parmi ces épines, d'évoquer en mon sein, du fond de sa Sorbonne, l'âme de Scot. Plus épineuse que le porc-épic et le hérisson, elle s'en retournera ensuite où elle voudra, « chez les corbeaux », s'il lui plaît. Que ne puis-je changer aussi de visage et me parer de l'habit théologique ! Mais je redoute qu'on m'accuse de larcin et de pillage clandestin dans les cassettes de nos docteurs, quand on me verra si forte en théologie. Il n'est pourtant pas étonnant qu'étant depuis si longtemps de leur intime compagnie j'aie attrapé quelque chose de leur savoir : Priape, dieu de figuier, a bien noté et retenu quelques mots grecs de ce que son maître lisait devant lui ; et le coq de Lucien, à force de fréquenter les hommes, n'a-t-il pas appris le langage humain ? Commençons donc sous de bons auspices.

« Le nombre des fous est infini », écrit l'Ecclésiaste, au chapitre premier. Ce mot paraît bien embrasser tous les hommes, sauf quelques-uns qu'on n'aperçoit guère. Jérémie est plus explicite encore, au chapitre X : « Tout homme devient fou par sa propre sagesse. » Dieu seul est sage, selon lui, l'humanité entière étant folle. Il dit un peu plus haut : « Que l'homme ne se glorifie point de sa sagesse ! » Pourquoi le lui interdis-tu, brave Jérémie ? Tout simplement, répondra-t-il, parce que l'homme n'a pas de sagesse. Mais revenons à l'Ecclésiaste : « Vanité des vanités, s'écrie-t-il, et tout est vanité ! » Qu'entend-il ici, sinon que la vie humaine, selon ma formule, n'est qu'un jeu de la Folie ? C'est un caillou blanc qu'il joint pour moi à la magnifique louange cicéronienne déjà citée : « Le monde est rempli de fous. » Que signifie encore cette parole du docte Ecclésiastique : « Le fou change comme la lune, le sage demeure comme le soleil ? » Tout simplement que le genre humain est fou et que Dieu immuable a seul l'attribut de la Sagesse ; car la nature humaine est figurée par la lune et Dieu par le soleil, source de toute lumière. Le Christ lui-même, dans l'Évangile, ajoute que Dieu seul doit être appelé bon : si sagesse et bonté, comme le veulent les Stoïciens, sont des termes identiques, et si quiconque n'est pas sage est fou, tout ce qui est mortel dépend nécessairement de la Folie.

Salomon dit encore au chapitre XV : « Sa folie fait la joie du fou », reconnaissant manifestement que, sans folie, la vie n'a aucun charme. À la même idée se rapporte ce passage : « Qui ajoute à la science ajoute à la douleur ; plus on connaît, plus on s'irrite. » L'excellent discoureur n'a-t-il pas exprimé une pensée semblable au chapitre VII : « Le cœur des sages est avec la tristesse, le cœur des fous avec la joie. » C'est pourquoi il ne lui a pas suffi d'approfondir la Sagesse, il a voulu faire aussi ma connaissance. Si vous en doutez, voici ses propres paroles au chapitre premier : « J'ai appliqué mon cœur à connaître la Sagesse et la Science, les erreurs et la Folie. » Remarquez ici, à l'honneur de la Folie, qu'il la nomme en dernier lieu. Vous savez que l'ordre usité dans l'Église est que le premier personnage en dignité paraisse le dernier dans les cérémonies, ce qui est conforme au précepte évangélique. Mais que la Folie soit de plus haut prix que la Sagesse, voilà ce que le livre de l'Ecclésiaste, quel qu'en soit l'auteur, atteste clairement au chapitre XLIV. J'attendrai seulement, pour faire ma citation, que vous aidiez ma méthode inductive en répondant aux questions que je vais vous poser à la manière de Socrate dans les dialogues de Platon.

Quels objets vaut-il mieux mettre sous clef ? Ceux qui sont précieux ou ceux qui n'ont ni rareté, ni valeur ? Vous vous taisez. Si vous n'avez point d'avis, ce proverbe répondra pour vous : « La cruche reste à la porte », et, pour le faire accepter, je cite qui le rapporte ; c'est Aristote, dieu de nos docteurs. Est-il parmi vous quelqu'un d'assez absurde pour laisser sur le grand chemin ses bijoux et son or ? Personne assurément. Vous les serrez au plus secret de la maison, aux coins les plus retirés et dans les cassettes les mieux ferrées ; vous laissez sur la voie publique les ordures. Or, si ce qu'on a de plus précieux est tenu caché, et ce qu'on a de plus vil abandonné au jour, la Sagesse, que l'on défend de cacher, n'est-elle pas de toute évidence moins précieuse que la Folie, qu'on recommande de dissimuler ? Voici maintenant le témoignage que j'invoquais :

« L'homme qui cache sa folie vaut mieux que celui qui cache sa sagesse. »

Les Saintes Écritures reconnaissent au fou la qualité de modestie, en face du sage qui se croit au-dessus de tous. C'est ainsi que j'entends l'Ecclésiaste, au chapitre X : « Mais le fou qui marche dans sa voie, étant insensé, croit que tous les autres sont fous comme lui. » N'est-ce pas, en effet, d'une bien belle modestie d'égaler tout le monde à soi-même et, alors que chacun se met vaniteusement au-dessus des autres, de partager avec tous ses mérites ? Ce grand roi Salomon n'a pas rougi du titre, quand il a dit, chapitre XXX : « Je suis le plus fou des hommes. » Et saint Paul, le docteur des nations, le revendique délibérément dans l'épître aux Corinthiens : « Je parle en fou, dit-il, l'étant plus que personne », comme s'il était humiliant d'être surpassé en folie.

J'entends ici protester à grands cris certains petits grécisants, qui s'efforcent de crever les yeux des corneilles, c'est-à-dire des théologiens de ce temps-ci, et publient leurs commentaires pour éblouir les gens. (La troupe a pour chef en second, sinon en premier, mon ami Érasme, que j'aime à nommer souvent pour lui faire honneur.) Citation vraiment folle, clament-ils, et bien digne de cette Moria ! La pensée de l'Apôtre est fort loin de cette rêverie ; ses paroles ne signifient nullement qu'il se dit plus fou que les autres ; mais après avoir écrit : « Ils sont ministres du Christ, je le suis aussi », ce qui l'égale aux autres Apôtres, il se corrige en précisant : « Je le suis même davantage. » Il sent, en effet, que, voué comme eux au ministère de l'Évangile, il leur est en quelque sorte supérieur. Pour se faire reconnaître comme tel, sans offenser par une parole d'orgueil, il se couvre du manteau de la Folie : il se dit fou parce que les fous ont seuls le privilège de la vérité qui n'offense pas.

J'abandonne à la discussion le sens que Paul a donné à ce passage. Il y a de grands théologiens, gros et gras, et pleins de leur autorité, que je veux uniquement suivre ; ainsi font la plupart des savants, qui aiment mieux errer avec eux qu'être dans le vrai avec ceux qui connaissent les trois langues. Les petits grécisants ne sont pas pris au sérieux plus que des oiseaux. Du reste, un glorieux théologien, dont je tais le nom par prudence (nos grécisants lui lanceraient aussitôt le brocard grec de l'âne jouant de la lyre), a commenté le passage en question magistralement et théologalement. De cette phrase : « Je parle en fou, l'étant plus que personne », il tire un chapitre inattendu, qui a demandé une dialectique consommée, et il divise son interprétation d'une façon également nouvelle. Je le cite textuellement, forme et substance : « Je parle en fou, c'est-à-dire, si je vous parais déraisonner en m'égalant aux faux apôtres, je ne vous paraîtrai pas plus sage en me préférant à eux. » Puis il oublie son sujet et passe à un autre.

LXIV. — Mais pourquoi me fatiguer sur ce seul texte ? Chacun sait bien que le droit des théologiens leur livre le ciel, c'est-à-dire l'interprétation des Saintes Écritures ; elles sont comme une peau qu'ils étirent à leur gré. On y voit des contradictions avec saint Paul, qui en réalité n'existent pas. S'il faut en croire saint Jérôme, l'homme aux cinq langues, saint Paul avait vu, par hasard, à Athènes, l'inscription d'un autel qu'il modifia à l'avantage de la foi chrétienne. Omettant les mots qui pouvaient gêner sa cause, il n'en garda que les deux derniers : « Au Dieu inconnu » ; encore les changeait-il un peu, car l'inscription complète portait : « Aux Dieux de l'Asie, de l'Europe et de l'Afrique, aux Dieux inconnus et étrangers. » À cet exemple, je crois, la famille théologienne détache d'un contexte, ici et là, quelques petits mots dont elle altère le sens pour l'accommoder à ses raisonnements. Peu lui importe qu'il n'y ait aucun rapport avec ce qui précède et ce qui suit, ou même qu'il y ait contradiction. L'impudent procédé vaut tant de succès aux théologiens qu'ils en excitent maintes fois l'envie des jurisconsultes.

Ne peuvent-ils tout se permettre, quand on voit ce grand… (j'allais lâcher le nom, mais j'évite de nouveau le brocard sur la lyre) extraire de saint Luc un passage qui s'accorde avec l'esprit du Christ comme l'eau avec le feu ? Sous la menace du péril suprême, au moment où des clients fidèles se groupent autour de leur patron pour combattre avec lui de toutes leurs forces, le Christ voulut ôter de l'esprit des siens leur confiance dans les secours humains ;

il leur demanda s'ils avaient manqué de quelque chose depuis qu'il les avait envoyés prêcher, et cependant ils y étaient allés sans ressources de viatique, sans chaussures pour se garantir des épines et des cailloux, sans besace garnie contre la faim. Les disciples ayant répondu qu'ils n'avaient manqué de rien, il leur dit : « Maintenant, que celui qui a une bourse ou une besace la dépose, et que celui qui n'a pas de glaive vende sa tunique pour en acheter un ! » Comme tout l'enseignement du Christ n'est que douceur, patience, mépris de la vie, qui ne comprend le sens de son précepte ? Il veut dépouiller encore davantage ceux qu'il envoie, de façon qu'ils se défassent non seulement de la chaussure et de la besace, mais encore de la tunique, afin qu'ils abordent nus et dégagés de tout, la mission de l'Évangile ; ils ont à se procurer seulement un glaive, non pas celui qui sert aux larrons et aux parricides, mais le glaive de l'esprit, qui pénètre au plus intime de la conscience et y tranche d'un coup toutes les passions mauvaises, ne laissant au cœur que la piété.

Or, voyez comment le célèbre théologien torture ce passage. Le glaive, pour lui, signifie la défense contre toute persécution, et la besace, une provision de vivres assez abondante, comme si le Christ, ayant changé complètement d'avis, regrettait d'avoir mis en route ses envoyés dans un appareil trop peu royal et chantait la palinodie de ses instructions antérieures ! Il aurait donc oublié qu'il leur avait garanti la béatitude au prix des affronts, des outrages et des supplices, qu'il leur avait interdit de résister aux méchants, parce que la béatitude est pour les doux, non pour les violents, qu'il leur avait donné pour modèles les lis et les passereaux ! Il se refusait maintenant à les laisser partir sans glaive, leur recommandait de vendre, au besoin, leur tunique, pour en avoir un et d'aller plutôt nus que désarmés. Sous ce nom de glaive, notre théologien entend tout ce qui peut repousser une attaque, comme sous le nom de besace, tout ce qui concerne les besoins de la vie. Ainsi, cet interprète de la pensée divine nous montre des apôtres munis de lances, de balistes, de frondes et de bombardes, pour aller prêcher le Crucifié ; et de même il les charge de bourses, de sacoches et de bagages, pour qu'ils ne quittent jamais l'hôtellerie sans avoir bien mangé. Il ne se trouble pas d'entendre, peu après, le Maître ordonner avec un accent d'adjuration de remettre au fourreau le glaive qu'il aurait si vivement recommandé d'acheter. On n'a pourtant jamais entendu dire que les Apôtres se soient servis de glaives et de boucliers contre la violence des païens, ce qu'ils auraient fait assurément si la pensée du Christ avait été celle qu'on lui prête.

Un autre, qui n'est point des derniers et que par respect je ne nomme pas, a confondu la peau de saint Barthélemy écorché et les tentes dont Habacuc a dit : « Les peaux du pays de Madian seront rompues. » J'ai assisté l'autre jour, ce qui m'arrive fréquemment, à une controverse de théologie. Quelqu'un voulait savoir quel texte des Saintes Écritures ordonnait de brûler les hérétiques plutôt que de les convaincre par la discussion. Un vieillard à la mine sévère, que son sourcil révélait théologien, répondit avec véhémence que cette loi venait de l'apôtre Paul, lorsqu'il avait dit : « Évite (*devita*) l'hérétique, après l'avoir repris une ou deux fois. » Il répéta et fit sonner ces paroles ; chacun s'étonnait ; on se demandait s'il perdait la tête. Il finit par s'expliquer : « Il faut retrancher l'hérétique de la vie », traduisait-il, comprenant *de vita* au lieu de *devita*. Quelques auditeurs ont ri ; il s'en est trouvé pour déclarer ce commentaire profondément théologique. Et, tandis qu'on réclamait, survint, comme on dit, un avocat de Ténédos et d'autorité irréfragable : « Écoutez bien, dit-il. Il est écrit. Ne laissez pas vivre le malfaisant (*maleficus*). Or, l'hérétique est malfaisant. Donc, etc. » Il n'y eut alors qu'une voix pour louer l'ingénieux syllogisme, et toute l'assemblée trépigna de ses lourdes chaussures. Il ne vint à l'esprit de personne que cette loi est faite contre les sorciers, jeteurs de sorts et magiciens, que les Hébreux appellent d'un mot qui se traduit par *maleficus*. Autrement, la sentence de mort s'appliquerait tout aussi bien à la fornication et à l'ébriété.

LXV. — Mais il serait insensé de poursuivre ; ce vaste sujet ne tiendrait même pas dans les volumes de Chrysippe et de Didyme. Je voulais seulement, en vous montrant ce que se permettent les divins docteurs, obtenir votre indulgence pour une théologienne de bois de figuier, lorsqu'elle vous présente des citations un peu risquées.

Revenons à saint Paul. « Vous supportez aisément les fous », dit-il de lui-même, et plus loin : « Acceptez-moi comme un fou » ; puis : « Je ne parle pas selon Dieu, mais comme si j'étais fou » ; et encore : « Nous sommes fous pour le Christ. » Que d'éloges de la Folie, et dans quelle bouche ! Il va plus loin et la prescrit comme indispensable au salut : « Que celui d'entre vous qui paraît sage devienne fou pour être sage ! » Dans saint Luc, Jésus ne donne-t-il pas le nom de fous aux deux disciples qu'il a rejoints sur le chemin d'Emmaüs ? Et peut-on s'en étonner, puisque notre saint Paul attribue à Dieu lui-même un grain de folie ? « La folie de Dieu, dit-il, est plus sage que la sagesse des hommes. » Origène explique, il est vrai, que cette folie ne saurait être mesurée par l'intelligence humaine, ce qui s'accorde à ceci : « La parole de la Croix est folie pour les hommes qui passent ».

Mais pourquoi se fatiguer à tant de témoignages ? Le Christ, dans les psaumes sacrés, dit à son Père : « Vous connaissez ma folie. » D'ailleurs, ce n'est pas sans raison que les fous ont toujours été chers à Dieu, et voici pourquoi. Les princes se méfient des gens trop sensés et les ont en horreur, comme faisait, par exemple, César pour Brutus et

Cassius, alors qu'il ne redoutait rien d'Antoine, l'ivrogne. Sénèque était suspect à Néron, Platon à Denys, les tyrans n'aimant que les esprits grossiers et peu perspicaces. De même le Christ déteste et ne cesse de réprouver ces sages qui se fient à leurs propres lumières. Saint Paul l'affirme sans ambages : « Dieu a choisi ce qui, pour le monde, est folie », et encore : « Dieu a voulu sauver le monde par la Folie », puisqu'il ne pouvait le rétablir par la Sagesse. Dieu lui-même l'exprime assez par la bouche du prophète : « Je perdrai la sagesse du sage et je condamnerai la prudence des prudents. » Il va jusqu'à se féliciter d'avoir caché aux sages le mystère du salut et de ne l'avoir révélé qu'aux tout petits, c'est-à-dire aux fous ; car, dans le grec, pour indiquer les tout petits, c'est le mot « insensé » qui s'oppose au mot « sage ». Ajoutons tous les passages de l'Évangile où le Christ poursuit sans relâche les pharisiens, les scribes et les docteurs de la Loi, tutélaire pour la foule ignorante. Que signifient ses paroles : « Malheur à vous, scribes et pharisiens ! » sinon : « Sages, malheur à vous ! »

Sa compagnie de prédilection est celle des petits enfants, des femmes et des pêcheurs. Même parmi les bêtes, il préfère celles qui s'éloignent le plus de la prudence du renard. Aussi choisit-il l'âne pour monture, quand il aurait pu, s'il avait voulu, cheminer sur le dos d'un lion ! Le Saint-Esprit est descendu sous la forme d'une colombe, non d'un aigle ou d'un milan. L'Écriture sainte fait mention fréquente de cerfs, de faons, d'agneaux. Et notez que le Christ appelle ses brebis ceux des siens qu'il destine à l'immortelle vie. Or, aucun animal n'est plus sot ; Aristote assure que le proverbe « tête de brebis », tiré de la stupidité de cette bête, s'applique comme une injure à tous les gens ineptes et bornés. Tel est le troupeau dont le Christ se déclare le pasteur. Il lui plaît de se faire appeler agneau lui-même, C'est ainsi que le désigne saint Jean : « Voici l'agneau de Dieu ! » et c'est la plus fréquente expression de l'Apocalypse.

Que signifie tout cela sinon que la folie existe chez tous les mortels, même dans la piété ? Le Christ lui-même, pour secourir cette folie, et bien qu'il fût la sagesse du Père, a consenti à en accepter sa part, le jour où il a revêtu la nature humaine et « s'est montré sous l'aspect d'un homme », ou quand il s'est fait péché pour remédier aux péchés. Il n'a voulu y remédier que par la folie de la Croix, à l'aide d'apôtres ignorants et grossiers ; il leur recommande avec soin la Folie, en les détournant de la Sagesse, puisqu'il leur propose en exemple les enfants, les lis, le grain de sénevé, les passereaux, tout ce qui est inintelligent et sans raison, tout ce qui vit sans artifice ni souci et n'a pour guide que la Nature.

Il les avertit de ne pas s'inquiéter, s'ils ont à discourir devant les tribunaux ; il leur interdit de se préoccuper du temps et du moment et même de se fier à leur prudence, pour ne dépendre absolument que de lui seul.

Voilà pourquoi Dieu, lorsqu'il créa le monde, défendit de goûter à l'arbre de la Science, comme si la Science était le poison du bonheur. Saint Paul la rejette ouvertement, comme pernicieuse et nourricière d'orgueil ; et saint Bernard le suit sans doute, lorsque, ayant à désigner la montagne où siège Lucifer, il l'appelle : Montagne de la Science.

Voici sans doute une preuve qu'il ne faut pas oublier. La Folie trouve grâce dans le Ciel, puisqu'elle obtient seule la rémission des péchés, alors que le sage n'est point pardonné. C'est pour cela que ceux qui demandent miséricorde, même ayant péché consciemment, invoquent le prétexte et le patronage de la Folie. Tel Aaron, si mon souvenir est exact, implore au livre des Nombres la grâce de sa femme : « Je vous en supplie, Seigneur, ne nous imputez point ce péché que nous avons commis par folie. » C'est ainsi que Saül excuse sa faute auprès de David : « Il apparaît, dit-il, que j'ai agi comme un fou » Et David, à son tour, sollicite le Seigneur : « Je vous prie, Seigneur, de décharger votre serviteur de son iniquité, parce que j'ai agi follement. » C'est qu'il ne pouvait demander grâce qu'en plaidant la folie et l'égarement. Mais voici qui est plus pressant ; c'est la prière pour ses ennemis que fait le Christ en croix : « Père, pardonnez-leur ! » La seule excuse qu'il invoque pour eux est l'inconscience : « Parce qu'ils ne savent ce qu'ils font. » Saint Paul pareillement écrit à Timothée : « Si j'ai obtenu la miséricorde de Dieu, c'est que j'ai agi par ignorance dans mon incrédulité. » Qu'est-ce à dire « par ignorance » ? qu'il a péché par folie, non par malice. Que signifie : « Si j'ai obtenu miséricorde », sinon qu'il ne l'eût pas obtenue, s'il ne se fût réclamé de la

Folie ? Il est des nôtres, le mystique auteur des Psaumes, que j'ai omis de citer en son lieu : « Oubliez les fautes de ma jeunesse et mes ignorances. » Vous entendez sa double excuse : son âge, dont je suis toujours la compagne, et les ignorances dont le nombre immense montre toute la force de sa folie.

LXVI. — Pour ne pas divaguer dans l'infini et pour abréger, la religion chrétienne paraît avoir une réelle parenté avec une certaine Folie et fort peu de rapport avec la Sagesse. Souhaitez-vous des preuves ? Remarquez d'abord que les enfants, les vieillards, les femmes et les innocents prennent plus que d'autres plaisir aux cérémonies et aux choses religieuses et que, par la seule impulsion de la Nature, ils veulent être toujours auprès des autels. Voyez encore que les premiers fondateurs de la religion, attachés à une simplicité merveilleuse, ont été d'acharnés ennemis des lettres. Enfin, les fous les plus extravagants ne sont-ils pas ceux qu'a saisis tout entiers l'ardeur de la piété chrétienne ? Ils prodiguent leurs biens, négligent les injures, supportent la tromperie, ne font aucune distinction d'amis et d'ennemis, ont en horreur le plaisir, se rassasient de jeûnes, de veilles, de larmes, de labeurs et d'humiliations ; ils ont le dégoût de la vie, et l'impatience de la mort ; en un mot, on les dirait privés de tout sentiment humain, comme si leur esprit vivait ailleurs que dans leur corps. Que sont-ils donc, sinon des fous ? Et comment s'étonner que les Apôtres aient paru des gens ivres de vin doux, et que le juge Festus ait pris saint Paul pour un insensé ?

Cependant, puisque j'ai revêtu une bonne fois la peau du lion, je vous enseignerai encore ceci : c'est que le bonheur recherché par les chrétiens, au prix de tant d'épreuves, n'est qu'une sorte de démence et de folie. Ne redoutez pas les mots, pesez plutôt la réalité. Tout d'abord, les chrétiens ont une doctrine commune avec les Platoniciens : c'est que l'esprit, enveloppé et garrotté dans les liens du corps, et alourdi par la matière, ne peut guère contempler la vérité telle qu'elle est, ni en jouir ; aussi définit-on la philosophie une méditation de la mort, parce qu'elle détache l'âme des choses visibles et corporelles, ce qui est également l'œuvre de la mort. C'est pourquoi, aussi longtemps que l'âme utilise normalement les organes du corps, on la dit saine ; mais lorsque, rompant ses liens, elle s'efforce de s'affranchir et songe à fuir sa prison, on appelle cela folie. Si l'effort coïncide avec une maladie ou un défaut organique, il n'y a plus aucune hésitation. Pourtant voyons-nous de tels hommes prédire l'avenir, connaître les langues et la littérature, qu'auparavant ils n'avaient jamais apprises, et manifester en eux quelque chose de divin. Nul doute que leur âme, purifiée en partie du contact du corps, ne commence à développer son énergie native. La même cause, je pense, agit sur les agonisants, qui révèlent des facultés semblables et parlent parfois comme des prophètes inspirés.

Si l'ardeur religieuse provoque de tels effets, ce n'est peut-être point la même folie que la nôtre, mais cela en approche tellement que la plupart les confondent, surtout que le nombre est mince de ces pauvres hommes qui, par leur genre de vie, se tiennent entièrement à l'écart du genre humain.

Je me rappelle ici la fiction platonicienne de ces prisonniers enchaînés dans la caverne, d'où ils n'aperçoivent que les ombres des objets. Un d'eux, qui s'est enfui, revient dans l'antre, leur conte qu'il a vu les objets réels, et démontre par quelle grave erreur ils croient qu'il n'existe rien au-delà de ces ombres misérables. Étant devenu sage, il a pitié de ses compagnons et déplore la folie qui les retient dans une telle illusion ; mais eux, à leur tour, rient de son délire et le chassent. Il en est de même du commun des hommes. Ils s'attachent étroitement aux choses corporelles et croient qu'elles sont à peu près seules à exister. Les gens pieux, au contraire, négligent tout ce qui touche au corps et sont ravis tout entiers par la contemplation des choses invisibles. Les premiers s'occupent tout d'abord des richesses, ensuite des commodités du corps, en dernier lieu de leur âme, à laquelle, d'ailleurs, la plupart ne croient pas, parce que les yeux ne la perçoivent point. Inversement, les autres tendent tout leur effort vers Dieu, le plus simple de tous les êtres, puis vers l'objet qui s'en rapproche le plus, c'est-à-dire l'âme ; ils sont insoucieux du corps, méprisent l'argent et le fuient comme une infection. S'ils sont obligés de s'en occuper, ils le font à contrecœur et avec dégoût ; ils ont ces choses comme s'ils ne les avaient pas ; ils les possèdent sans les posséder.

Constatons encore des degrés et des différences. Bien que tous nos sens soient en liaison avec le corps, certains sont plus matériels, comme le tact, l'ouïe, la vue, l'odorat, le goût. D'autres tiennent moins du corps, comme la mémoire, l'intelligence, la volonté. C'est où l'âme s'exerce qu'elle est puissante. Les hommes pieux, s'étant dirigés de toute la force de leur âme vers les objets les plus étrangers aux sens grossiers, arrivent à émousser ceux-ci et les annihilent, alors que le vulgaire s'en sert fort bien et n'est pas fort sur le reste. N'avons-nous pas entendu dire que des saints ont pu boire de l'huile pour du vin ? En outre, parmi les passions de l'âme, certaines dépendent plus étroitement de la grossièreté du corps, comme l'appétit charnel, le besoin de la nourriture et du sommeil, la colère, l'orgueil, l'envie. La piété leur fait énergiquement la guerre, tandis que le vulgaire ne saurait s'en passer pour vivre.

Il est ensuite des passions moyennes et comme naturelles, telles que l'amour de sa patrie, la tendresse pour ses enfants, ses parents, ses amis. Le commun des hommes s'y laisse aller ; mais les gens pieux travaillent à les déraciner de leur cœur, ou bien à les élever jusqu'au sommet de l'âme. Ils aiment leur père, non en tant que père, car il n'a engendré que leur corps, lequel même leur vient du Père divin, mais pour être un honnête homme en qui brille à leurs yeux l'image de cette suprême intelligence qui les appelle au souverain bien, et hors de laquelle ils ne voient rien à aimer et à désirer. C'est sur cette règle qu'ils mesurent tous les devoirs de la vie. Si l'on ne doit pas toujours mépriser les choses visibles, on doit du moins les considérer comme infiniment inférieures aux choses invisibles. Ils disent encore que, dans les sacrements même et les exercices de piété, se retrouve la distinction du corps et de l'esprit. Dans le jeûne, par exemple, ils attribuent peu de mérite à l'abstinence des viandes et d'un repas, ce qui pour le vulgaire constitue l'essentiel du jeûne. Ils veulent qu'en même temps les passions subissent un retranchement, que l'emportement et l'orgueil soient refrénés, de telle sorte qu'étant moins surchargé par le poids du corps l'esprit parvienne à goûter et à posséder les biens célestes.

Il en va de même pour la messe. Sans dédaigner, disent-ils, l'extérieur des cérémonies, ils le regardent comme médiocrement utile, ou même pernicieux, s'il ne s'y mêle un élément spirituel que ces signes visibles représentent. La messe figure la mort du Christ, que les fidèles doivent reproduire en eux en domptant, éteignant, ensevelissant, si l'on peut dire, les passions du corps, afin de renaître d'une vie nouvelle et ne faire tous ensemble qu'un avec Lui. Ainsi pense, ainsi agit l'homme pieux. La foule, au contraire, ne voit dans le sacrifice de la messe que d'être présente devant l'autel, le plus près possible, d'entendre des chants et d'assister, en outre, à de menues cérémonies.

Je viens de donner quelques exemples ; mais c'est dans l'ensemble de sa vie que l'homme pieux se tient à l'écart des choses corporelles, et prend son essor vers celles de l'éternité, spirituelles et invisibles. C'est donc un désaccord continuel entre des esprits qui se font mutuellement l'effet d'être insensés : mais le mot, à mon avis, s'applique plus exactement aux gens pieux.

LXVII. — Vous le trouverez plus évident quand je vous aurai démontré en peu de mots, comme je l'ai promis, que cette récompense suprême qu'ils attendent n'est autre chose qu'une sorte de folie. Songez que Platon a fait un rêve semblable, quand il a écrit que la fureur des amants est de toutes la plus heureuse. En effet, l'amoureux passionné ne vit plus en lui, mais tout entier dans l'objet qu'il aime ; plus il sort de lui-même pour se fondre dans cet objet, mieux il ressent le bonheur. Ainsi, lorsque l'âme médite de s'échapper du corps et renonce à se servir normalement de ses organes, on juge à bon droit qu'elle s'égare. Les expressions courantes ne veulent pas dire autre chose : « Il est hors de lui… Reviens à toi… Il est revenu à lui-même. » Et, plus l'amour est parfait, plus son égarement est grand et délicieux.

Quelle sera donc cette vie du ciel, à laquelle aspirent si ardemment les âmes pieuses ? L'esprit étant victorieux et plus fort absorbera le corps ; et ce sera d'autant plus facile qu'il l'aura préparé à cette transformation en le purifiant et l'épuisant pendant la vie. À son tour, l'esprit sera absorbé par la suprême Intelligence, dont toutes les puissances sont infinies. Ainsi se trouvera hors de lui-même l'homme tout entier, et la seule raison de son bonheur sera de ne plus s'appartenir et d'être soumis à cet ineffable souverain bien qui attire tout à lui.

Une telle félicité, il est vrai, ne pourra être parfaite qu'au moment où les âmes douées d'immortalité reprendront leurs anciens corps. Mais, puisque la vie des gens de piété n'est que méditation de l'éternité, et comme l'ombre de celle-ci, il leur arrive d'y goûter quelque peu par avance et d'en respirer quelques parfums. Ce n'est qu'une gouttelette auprès de l'intarissable source du bonheur qui ne finit pas ; elle est préférable pourtant à toutes les voluptés de la terre, lors même que leurs délices se confondraient en une seule, tellement le spirituel l'emporte sur la matière, et ce qu'on ne voit pas sur ce qu'on voit ! C'est la promesse du Prophète : « L'œil n'a pas vu, l'oreille n'a pas entendu, le cœur de l'homme n'a pas ressenti ce que Dieu ménage à ceux qui l'aiment. » Telle est cette folie qui jamais ne prend fin, mais qui s'achève en passant de cette vie dans l'autre.

Ceux qui ont eu le privilège si rare de tels sentiments éprouvent une sorte de démence ; ils tiennent des propos incohérents, étrangers à l'humanité ; ils prononcent des mots vides de sens ; et à chaque instant l'expression de leur visage change. Tantôt gais, tantôt tristes, ils rient, ils pleurent, ils soupirent ; bref, ils sont vraiment hors d'eux-mêmes. Revenus à eux, ils ne peuvent dire où ils sont allés, s'ils étaient dans leur corps, ou hors de leur corps, éveillés ou endormis. Qu'ont-ils entendu, vu et dit ? qu'ont-ils fait ? Ils ne s'en souviennent qu'à travers un nuage, ou comme d'un songe ; ils savent seulement qu'ils ont eu le bonheur pendant leur folie. Ils déplorent leur retour à la raison et ne rêvent plus que d'être fous à perpétuité. Encore n'ont-ils eu qu'un faible avant-goût du bonheur futur !

LXVIII. — Mais depuis longtemps je m'oublie, et « j'ai franchi toute borne ». Si vous trouvez à mon discours trop de pétulance ou de loquacité, songez que je suis la Folie et que j'ai parlé en femme. Souvenez-vous cependant du proverbe grec : « Souvent un fou même raisonne bien », à moins que vous ne pensiez que ce texte exclue les femmes. Vous attendez, je le vois, une conclusion. Mais vous êtes bien fous de supposer que je me rappelle mes propos, après cette effusion de verbiage. Voici un vieux mot : « Je hais le convive qui se souvient » ; et voici un mot neuf : « Je hais l'auditeur qui n'oublie pas. »

Donc, adieu ! Applaudissez, prospérez et buvez, illustres initiés de la Folie !